DIE GROSSEN ROMANISCHEN KIRCHEN IN KÖLN

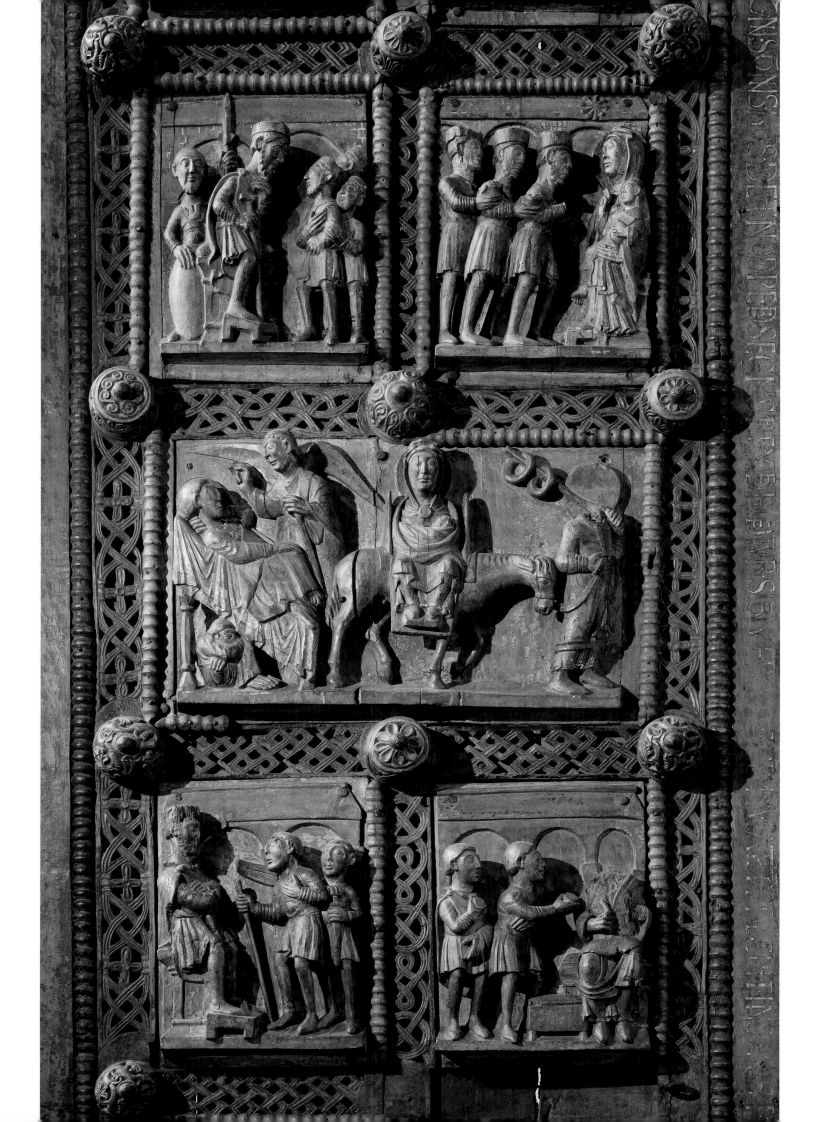

JÜRGEN KAISER

DIE GROSSEN ROMANISCHEN KIRCHEN IN KÖLN

Fotografiert von
Florian Monheim

GREVEN VERLAG KÖLN

Wir danken dem Förderverein Romanische Kirchen Köln e.V. und vor allem Ihrem Vorsitzenden Helmut Haumann für die Anregung und tatkräftige Unterstützung.

© Greven Verlag Köln 2013
Umschlagabbildung: Detail des Löwenportals in der Sakristei von Sankt Andreas
Grundrisse: Förderverein Romanische Kirchen Köln
Lektorat: Julia Maxelon, Köln
Gestaltung: Thomas Neuhaus, Billerbeck
Gesetzt aus der DTL Documenta
Lithographie: farbo prepress GmbH, Köln
Druck und Bindung: Rasch Druckerei und Verlag GmbH & Co. KG, Bramsche
Alle Rechte vorbehalten
ISBN 978-3-7743-0615-8
ISBN 978-3-7743-0616-5 (Vorzugsausgabe)
Detaillierte Informationen über alle unsere Bücher finden Sie unter www.Greven-Verlag.de

Seite 2: Im geschnitzten Rahmen der Holztür in Sankt Maria im Kapitol erzählen einst bunt gefasste Holzreliefs das Leben Jesu. Aus dem rheinischen Leben gegriffen erscheinen die beiden Wurstringe, die Josef als Proviant auf die Flucht nach Ägypten mitnimmt.

INHALT

Herausgegeben vom Förderverein Romanische Kirchen Köln e.V.
Vorsitzender: Helmut Haumann

COLONIA ROMANICA

EINFÜHRUNG
VIELFALT DER ROMANIK

Kölns zwölf romanische Kirchen sind neben Dom und Historischem Rathaus die einzigen Orte, an denen die überragende Bedeutung der mittelalterlichen Metropole noch sichtbar wird. Keine andere Stadt in Deutschland war, zumindest vom 10. bis zum 13. Jahrhundert, an Größe sowie politischer und wirtschaftlicher Macht mit ihr vergleichbar. Als Sitz eines Erzbischofs, der zu den entscheidenden Königsmachern im Reich zählte, und einer durch Fern- und Rheinhandel reich gewordenen und dementsprechend selbstbewussten Bürgerschaft schmückte sich die Stadt mit zahlreichen Kirchenbauten. Die von Arnold Mercator 1571 geschaffene Ansicht Kölns aus einer imaginären Vogelschau-Perspektive vermittelt eine gute Vorstellung der einst großartigen Stadtgestalt. Gut erkennbar ist die dicht bebaute Kernstadt im ehemaligen Areal der römischen Colonia. In diesem Bereich befinden sich von den zwölf romanischen Kirchen nur die beiden Damenstifte Sankt Maria im Kapitol und Sankt Cäcilien. Alle übrigen wurden im unmittelbaren Vorfeld der Kernstadt gegründet und erst durch die im späten 12. Jahrhundert errichtete staufische Stadtmauer einbezogen.

Wer die historische Ansicht genau betrachtet, erkennt neben den romanischen Kirchen noch eine ganze Fülle an weiteren, gotischen Sakralbauten. Waren es anfangs nur die Erzbischöfe, die bis in das 11. Jahrhundert hinein Stifte und Abteien in Köln gründeten, so kam es ab dem 13. Jahrhundert zu einer umfangreichen Welle an bürgerlichen Klosterstiftungen. Nun wollten auch reiche Patrizier diese Maximalvorsorge für ihr Seelenheil nutzen, indem sie große Teile ihres Kapitals einsetzten, damit Mönche und Nonnen den jeweiligen Stifter exklusiv aus dem Fegefeuer herausbeteten. Vergleicht man die Mercator-Ansicht mit dem heutigen Stadtbild

ST. PANTALEON

ST. SEVERIN

ST. GEOR

ST. MARIA LYSKIRCHEN

RHENVS

DER OISTER WEIRDT

ST. APOSTELN

ST. GEREON

ST. CÄCILIEN

...RIA IM KAPITOL

ST. ANDREAS

ST. URSULA

GROSS ST. MARTIN

ST. KUNIBERT

F L V V I V S

Kölns, so fällt auf, dass gerade die gotischen Kirchen weitgehend verschwunden sind. Als Folge der Säkularisation 1802, die das eigentliche Ende des Mittelalters in Köln bedeutete, verloren sie mit der Auflösung und Enteignung aller Klöster und Stifte ihre Eigentümer und wurden meist auf Abbruch verkauft. In den ersten Jahrzehnten des 19. Jahrhunderts veränderte sich das Gesicht Kölns durch eine aus heutiger Sicht unfassbare Abrisswelle entscheidend. Damals verschwanden fast einhundert Kirchen und Kapellen von Klöstern, Pfarreien, Hospitälern, Beginenhäusern und Patrizierpalästen. So täuscht die beeindruckende Anzahl der erhaltenen großen romanischen Kirchen über die bis ins 19. Jahrhundert viel stärkere sakrale Prägung des alten Köln hinweg.

Das römische Köln besaß als Provinzhauptstadt Niedergermaniens mit Stadtmauer, Tempeln, Forum, Statthalterpalast, Thermen, Villen und Gräberfeldern das vollständige Bauprogramm einer antiken Metropole. Auch wenn es im frühen 4. Jahrhundert schon als Bischofssitz erwähnt wird, dauerte es noch weit in das Frühmittelalter hinein, bis alle heidnischen Tempel geschlossen werden konnten. Mit Ausnahme der bischöflichen Kathedrale in der Nordostecke der Römerstadt entstanden frühchristliche Kirchenbauten zunächst auf den Gräberfeldern vor den Mauern, wie die zugängliche Ausgrabung unter Sankt Severin bis heute eindrucksvoll vor Augen führt. Noch größer war der frühchristliche Vorgängerbau Sankt Ursulas, der schon die Form einer dreischiffigen Basilika besaß. Oberirdisch erhalten ist noch der in jeder Hinsicht faszinierende Ovalbau aus der zweiten Hälfte des 4. Jahrhunderts, der im spätromanischen Kuppelbau von Sankt Gereon aufging. Auch dieser lag auf einem römischen Gräberfeld außerhalb der Stadtmauer, doch wurde er erst nachträglich zu einem christlichen Kultbau umgewidmet. Innerhalb des Stadtgebiets wurden römische Großbauten wie der Kapitolstempel (Sankt Maria im Kapitol) und eine der Speicherhallen am Rhein (Groß Sankt Martin) wohl erst unter den frühen Karolingern verwendet, um in ihren Überresten Kirchen einzurichten. Als Sankt Maria im Kapitol im 11. Jahrhundert völlig neu errichtet wurde, benutzten die Baumeister nicht nur die antiken Fundamente. Auch das Baumaterial für Krypta und Langhaus stammt zu großen Teilen aus den bis dahin aufrecht stehenden Überresten des Kapitolstempels. Sankt Pantaleon zeigt als ältester erhaltener mittelalterlicher Kirchenbau der Stadt, dass auch im späten 10. Jahrhundert noch antike Bauformen wirksam waren. So bestimmte Erzbischof Bruno, Bruder Kaiser Ottos des Großen, spätantike Thronsäle wie die Trierer Palastaula zum Vorbild seiner Grabkirche. Kaiserin Theophanu ließ das Westwerk von Sankt Pantaleon in christlicher Umdeutung eines römischen Triumphbogens oder Stadttors errichten. Die einzige erhaltene Säulenbasilika Kölns aus dem 11. Jahrhundert, Sankt Georg, orientierte sich auf Wunsch ihres Erbauers Erzbischof Anno II. an den spätantiken Kirchen Ravennas. Die roten Sandsteinsäulen des Mittelschiffs ließ er antiken Bauten Kölns entnehmen. Das ausladende Westquerhaus von Sankt Aposteln verweist gar auf den spätantiken Vorgängerbau des Petersdoms in Rom.

Als Köln Mitte des 12. Jahrhunderts ein bis dahin nicht gekannter Bauboom erfasste, begannen auch Stifte und Abteien, ihre alten Kirchen um- oder gleich neu zu bauen. Einen ersten Glanzpunkt setzte der Dreikonchenchor von Groß Sankt Martin. Überdeutlich werden aber auch in ihm noch antike Architekturmotive wie Blendbögen und säulengeschmückte Wandnischen

Vorhergehende Doppelseite:
Die beste Vorstellung von der mittelalterlichen
Stadtgestalt Kölns gibt immer noch Arnold
Mercators Vogelschauperspektive von 1571.

aufgegriffen. Selbst zu dieser Zeit standen in Köln noch zahlreiche Ruinen aufwendiger antiker Großbauten aufrecht, an denen sich die Architekten der romanischen Kirchen Anregungen holen konnten. Köln hatte als Fernhandelsstadt weitreichende Verbindungen, was den Horizont auch im Bezug auf Kirchenbauten erweiterte. Kleriker kamen als Pilger und Studenten weit herum. So verwundert es nicht, dass im späten 12. Jahrhundert Anregungen der romanischen Baukunst der Normandie aufgenommen wurden. Im Westbau von Sankt Georg griff man aus unbekannten Gründen gar auf das Vorbild der Kreuzkuppelkirchen des Périgord in Südwestfrankreich zurück.

Im frühen 13. Jahrhundert macht sich in Köln der Einfluss der frühgotischen Baukunst Nordfrankreichs deutlich bemerkbar. Allerdings integrierten die Baumeister nur Einzelelemente in den beibehaltenen romanischen Massenbau, sodass gerade die spätromanischen Kirchen durch diese Mischung sehr individuell und vielgestaltig erscheinen. Ein Paradebeispiel für dieses Prinzip ist der Kuppelbau von Sankt Gereon. An ihm finden sich mit die frühesten Strebepfeiler und -bögen sowie Maßwerkfenster in der deutschen Baukunst, doch wird der Außenbau durch die abschließende Zwerggalerie gleichsam wieder auf rheinischen Boden zurückgeholt. Der Wandaufbau im Innern lässt deutlich die vorbildhaften nordfranzösischen Kathedralen der Frühgotik in Noyon, Laon und Soissons durchscheinen. Das Mittelschiff von Groß Sankt Martin ist neben Sankt Gereon der zweite erhaltene Kirchenbau Kölns, der die frühgotischen Einflüsse am deutlichsten zeigt. Mit der Grundsteinlegung des Kölner Domneubaus 1248 endete die romanische Epoche schlagartig, da nun allein

Die Kopfkonsole in der Renaissancevorhalle von Sankt Georg wirkte mit ihrer einstigen Farbigkeit noch eindrucksvoller.

das Formenrepertoire der Hochgotik für Sakralbauten bestimmend wurde. Mit den Chorneubauten von Sankt Ursula und Sankt Andreas sowie der Sakristei von Sankt Gereon leisteten sich immerhin drei Kölner Stifte glanzvolle Ableger der französischen Kathedralgotik an ihren romanischen Kirchen.

STEINE FÜR DIE HIMMELSSTADT

Was den Bauboom der großen romanischen Kirchen in Köln erleichterte, war die gute und ausreichende Verfügbarkeit des Baumaterials. Zwar schlachtete man die Ruinen römischer Großbauten noch bis weit in das 11. Jahrhundert aus, doch bald mussten die Bauleute die Steine von dort herholen, wo sie schon die Römer gebrochen hatten: Die äußerst harten, dunklen Säulenbasalte für die Fundamente konnten am heute verschwundenen Unkelstein oder an der Erpeler Ley abgebaut werden. Die grauen Trachyte für die architektonischen Gliederungselemente lieferte das Siebengebirge, besonders der von den Römern angelegte Steinbruch des Drachenfelses. Mengenmäßig am wichtigsten waren Tuffsteine für die Außen- und Innenschalen des ansonsten mit Mörtel und Alt- oder Abfallmaterial ausgegossenen Mauerwerks. Die Tuffe kamen ebenfalls aus dem Siebengebirge oder aus der Osteifel. Sie waren im bruchfrischen Zustand leicht zu bearbeiten und aufgrund ihres geringen Gewichts gut zu transportieren. Allein ihre Verwitterungsanfälligkeit war ein Problem, das aber schon die Römer durch eine aufgetragene Putzschicht gelöst hatten. Da alle diese Baumaterialien rheinabwärts verschifft werden konnten, bereitete der Transport über rund 40 Kilometer keine größere Schwierigkeit.

Nur für Bildhauerarbeiten war der vulkanische Tuffstein nicht geeignet. Einzig bestimmte Tuffarten aus besonderen Steinbrüchen konnten zumindest für Teile der Innenausstattung verwendet werden. Am liebsten griffen romanische Bildhauer in Köln aber auf jene Kalksteine zurück, die schon die Römer aus der Nähe von Metz für ihre Feinarbeiten an Grabmälern und Großbauten herbeigeholt hatten. Es ist merkwürdig, dass keine der römischen Marmorsäulen in den romanischen Kirchen wiederverwendet wurden – vermutlich waren sie schon in fränkischer Zeit zu Baukalk gebrannt worden. Die marmorähnlichen Kalksintersäulen, wie sie zum Beispiel innen im Westchor von Sankt Georg noch sehr gut erhalten sind, sind ein Nebenprodukt der fast 100 Kilometer langen antiken Wasserleitung aus der Eifel nach Köln. Beim

Im Westchor von Sankt Georg finden sich Kalksintersäulen, die aus den Ablagerungen in der römischen Eifelwasserleitung gearbeitet wurden.

Abbruch des Kanals zur Gewinnung von Baumaterial erkannten Steinmetze, dass man aus der dicken Ablagerungsschicht in der Leitung Ziersäulen brechen konnte. Im polierten Zustand erschienen diese dann wie aus Marmor gehauen. Kaum eine der romanischen Kirchen Kölns verzichtete auf diesen besonderen Schmuck. Allerdings waren die Kalksintersäulen nicht witterungsbeständig, sodass sie am Außenbau schon bei den Restaurierungen des 19. Jahrhunderts durch Trachyt ersetzt wurden.

VERLORENE AUSSTATTUNG

War schon die reine Architektur der romanischen Kirchen Kölns ungemein aufwendig, so dürfte die Ausstattung ebenfalls prachtvoll gewesen sein. Es ist mehr als bedauerlich, dass nur wenige der Kirchen Reste davon bewahren konnten. Die ehemalige Pracht romanischer Schmuckfußböden ist noch in den Chören von Sankt Kunibert und Sankt Severin sowie in den Bodenmosaiken der Krypta von Sankt Gereon zu erahnen. Immerhin besitzt Sankt Kunibert mit der fast noch vollständigen spätromanischen Farbverglasung der Ostteile einen einzigartigen Schatz. Dieser gibt eine Vorstellung davon, wie wichtig gerade bunte, figürliche Fenster einst für die Raumwirkung und theologische Aussage des Gebäudes waren. Sankt Maria Lyskirchen wiederum konnte als einzige der Kölner Kirchen den umfangreichen Freskenschmuck zumindest in den Mittelschiffgewölben bewahren. An ihnen wird erfahrbar, was damals die Regel war: die flächendeckende, schmückende Farbfassung aller Innenräume durch Ornamente und religiöse Darstellungen. Im Kleinformat, wenn auch stark verblasst, ist ein solches Gesamtprogramm in der Taufkapelle von Sankt Gereon erkennbar.

Einzigartig nördlich der Alpen ist die überreich mit Reliefs und Ornamenten verzierte Holztür von Sankt Maria im Kapitol. Deren Farbreste verraten, wie eindrucksvoll die Szenen der Heilsgeschichte auf die eintretenden Gläubigen gewirkt haben müssen. Als einzelnes Beispiel für so viele zerstörte romanische Altartafeln aus Metall blieb im Museum Schnütgen jene aus Sankt Ursula erhalten. Wenn auch größtenteils ihres figürlichen Schmucks beraubt, finden sich in Köln doch noch einige romanische Reliquienschreine, beispielsweise in Sankt Ursula und Sankt Pantaleon. Der Dreikönigenschrein im Dom und der Heribertschrein in Neu Sankt Heribert in Deutz sind mit die prachtvollsten Vertreter dieser speziellen, einst von Skandinavien bis Süditalien gebräuchlichen Verpackung heiliger Gebeine,

Auch wenn er seines Figurenschmucks beraubt wurde, gehört der Aetherius-Schrein in Sankt Ursula zu den großen Leistungen der romanischen Goldschmiedekunst im Rheinland.

Der Chorumgang von Sankt Maria im Kapitol wird von spätgotischen Schranken abgegrenzt.

die sich erhalten haben. Charakteristisch für die Kölner Goldschmiedearbeiten war die reiche Verwendung von qualitätsvollem Emailschmuck, dessen überwiegend bläuliche Farbe in reizvollem Kontrast zur Vergoldung steht. Um sich die Ausstattung der romanischen Kirchen Kölns im Mittelalter über die gerade genannten Reste hinaus zu vergegenwärtigen, hilft eine Reise zu Ausstattungsrelikten, die andernorts als Einzelbeispiele erhalten blieben: ein spätromanischer Altarbaldachin in der Abteikirche von Maria Laach, romanische Chorschranken in Brauweiler, eine vergoldete Altartafel und eine prachtvolle Amboverkleidung im Aachener Münster sowie ein Radleuchter als Symbol des Himmlischen Jerusalems in der Kirche von Großcomburg bei Schwäbisch Hall. All dies gab es auch in den romanischen Kirchen Kölns, wie Aufzeichnungen belegen.

ROMANIK DER SUPERLATIVE

Wer Kölns romanische Kirchen besucht, ist zunächst einmal beeindruckt von ihrer schieren Größe. Vergleicht man diese etwa mit den romanischen Bischofskirchen Oberitaliens, das damals Teil des mittelalterlichen deutschen Reichs war, so muss man ihnen geradezu kathedralhafte Ausmaße zusprechen. Faszinierend ist zudem die architektonische Vielfalt, die sie auszeichnet: Keine der zwölf romanischen Kirchen Kölns gleicht einer anderen. Einzigartige Baulösungen von europäischem Rang wurden in Köln erfunden und auf monumentale Weise verwirklicht. Geradezu genial ist etwa die Übertragung der Apsisgestaltung auf die beiden Arme des Querhauses in Sankt Maria im Kapitol, wodurch dieser so entstandene Dreikonchenchor eine zentralisierende Wirkung erhält. Mit der Herumfüh-

Vorangehende Doppelseite: Das Adlerkapitell in Sankt Andreas ist ein schönes Beispiel für den reichen Bildhauerschmuck dieser Kirche.

rung der Seitenschiffe als Säulenarkaden um diesen Chor entstand eine fast idealtypische Verbindung aus Längs- und Zentralbau. Am Kleeblattchor von Groß Sankt Martin wird zwar auf diese Umgänge verzichtet, die Außenansicht aber mit einem Vierungsturm zu einem der eindrucksvollsten Architekturbilder der europäischen Romanik gesteigert. Sankt Aposteln bietet gleich zwei völlig gegensätzliche Chorlösungen, wobei der breit gelagerte Dreikonchenchor mit seinen von den Kaiserdomen abgeleiteten Turmaufbauten eine ungemein plastische Wirkung entfaltet. Der doppelchörige alte Kölner Dom war mit seinen beiden gegenpoligen liturgischen Zentren vorbildhaft für Sankt Aposteln, Sankt Georg und Sankt Andreas. Allerdings variieren diese drei Kirchen das nur in der deutschen Romanik vorkommende Thema der Doppelchörigkeit aus Ost- und Westchor auf jeweils ganz eigene Art.

Nur zwei Jahrzehnte vor dem völligen architektonischen Umbruch in der Kölner Kirchenbaukunst durch den hochgotischen Neubau des Doms setzt der Kuppelbau von Sankt Gereon einen mehr als würdigen Schlussakkord. Die Vorgabe der Stiftsherren, das Erdgeschoss ihres antiken Ovalraums als Baureliquie zu erhalten, führte zu der in der europäischen Romanik einzigartigen Lösung des Dekagons. Mit der ganzen Pracht der Spätromanik und Frühgotik wuchs ein Zentralbau zu bisher in Köln nicht gekannter Höhe empor, der sowohl den besonderen Rang des Stifts wie den seiner Märtyrer zum Ausdruck brachte. So entfaltet sich bei einem Rundgang durch Kölns romanische Kirchen ein einzigartiges Architekturpanorama von der Spätantike bis in die ersten Jahrzehnte des 13. Jahrhunderts, wie es keine zweite europäische Stadt in dieser Größe, Vielzahl, Qualität und Originalität zu bieten hat.

Die Gewölbe des Kuppelbaus von Sankt Gereon
beeindrucken durch ihre originelle Formgebung.

17

Die Gestaltung der Apsis von Groß Sankt Martin geht auf Vorbilder in der Römerzeit zurück.

NEUENTDECKUNG MIT MISSVERSTÄNDNISSEN

Durch die 1802 rücksichtslos durchgeführte Säkularisation, die Auflösung und Enteignung aller Stifte und Klöster, verloren die romanischen Kirchen Kölns ihre bisherigen Nutzer. Die Übernahme durch die zugehörigen Pfarreien bedeutete zwar die Rettung der Großbauten vor dem Abriss. Allerdings waren die Gemeinden zunächst so arm, dass sie nichts zu deren baulichem Erhalt unternehmen konnten. Erst nachdem Köln ab 1815 Teil Preußens war, gab es erste Ansätze einer staatlichen Denkmalpflege. Langsam entwickelte sich auch in der Bevölkerung ein Bewusstsein dafür, die Monumente der glanzvollen Vergangenheit wertzuschätzen und zu erhalten. So kam es in den 1830er-/40er-Jahren zu einer ersten Restaurierungswelle der romanischen Kirchen. Diese war dringend nötig geworden, da die jahrhundertealten Sakralbauten schwere Bauschäden aufwiesen.

Zwischenzeitlich waren aber nicht nur die funktionslos gewordenen Pfarrkirchen, sondern auch die Stifts- und Klostergebäude abgerissen worden. Wer in Brauweiler oder am Bonner Münster die romanischen Kreuzgänge gesehen hat, spürt umso schmerzlicher, was damals in Köln verschwand. Aus heutiger Sicht ist es völlig unverständlich, dass noch während der ersten Restaurierungswelle der romanischen Kirchen die zugehörigen Klausurbauten niedergelegt wurden. Die ummauerten Immunitätsbezirke, die den Stiften und Abteien eine rechtliche und stadträumliche Eigenständigkeit innerhalb Kölns sicherten, beseitigte man zugunsten einer näher rückenden Wohnbauung. Erst jetzt, in ihrer neuen Funktion als Pfarrkirchen, verloren die Bauten ihre räumliche Distanz und verbanden sich eng mit der Innenstadt. Zugleich begrüßte man die Niederlegung von alten Gebäuden, Mauern und Kapellen rund um die Kirche, die einst Teil eines funktionierenden geistlichen Organismus waren, geradezu als Befreiung. Die romanischen Kirchen waren nun nicht mehr nur Sakralbauten, sondern auch Denkmäler der Vergangenheit, die möglichst freigestellt präsentiert werden sollten. Ihre jahrhundertelange alte Funktion ist seither vor Ort nicht mehr ablesbar.

Ab den 1860er-Jahren begann eine noch umfassendere, zweite Restaurierungswelle, die sich nach der Beilegung des Kulturkampfs und der Erstarkung des rheinischen Katholizismus im späten 19. Jahrhundert enorm steigerte. Nun ging es nicht mehr vorrangig um die Sicherung der Kirchengebäude, vielmehr drang die vorherrschende Strömung des Historismus auf eine vermeintliche Wiederherstellung des gesamten mittelalterlichen Erscheinungsbilds. Dies bedeutete für den Außenbau, dass barocke Veränderungen eliminiert und Verschwundenes re-konstruiert wurde. Den größtmöglichen Eingriff bedeutete aber der Verlust der farbig akzentuierten Putzhaut zugunsten einer völligen Freilegung des Mauerwerks. Die fatale Fehlinterpretation der damaligen Architekten, dass die mittelalterlichen Kirchen außen steinsichtig gewesen wären und der Putz eine spätere, aus ihrer Sicht entstellende Veränderung sei, prägt unser Bild der romanischen Kirchen bis heute. Obwohl das ungeschützte Tuffmauerwerk äußerst witterungsanfällig ist und alle paar Jahre für viel Geld erneuert werden muss, konnten sich die Kirchengemeinden nur in Sankt Maria Lyskirchen zu einer Erneuerung des Außenputzes nach Befund durchringen.

In den romanischen Emporenarkaden von Sankt Ursula befinden sich spätgotische Reliquienbüsten, die von beiden Seiten ansichtig sind.

19

Unsere Sehgewohnheiten sind seit rund 150 Jahren durch den Anblick steinsichtiger mittelalterlicher Kirchen geprägt, deren Zustand meist noch immer für original gehalten wird. Wer einmal die in den 1970er-Jahren gegen glaubenskriegsähnliche Widerstände nach Befund aufgetragene, farbig akzentuierte Putzhaut des Limburger Doms gesehen hat, erkennt, was die romanischen Kirchen Kölns in dieser Hinsicht verloren haben. Auch ein Besuch der Doppelkirche in Bonn-Schwarzrheindorf öffnet die Augen.

Der ganze architektonische Aufwand an Ziergliedern macht außen nur Sinn, wenn er durch Farbe hervorgeholt wird. Man stelle sich nur einmal die ungewohnte, aber umso großartigere Wirkung des Dreikonchenchors und Vierungsturms von Groß Sankt Martin mit Putz und Farbe vor! Die romanischen Kirchen waren Abbild der Himmelsstadt, wofür alles aufgeboten wurde, was Architekten, Bildhauer, Maler und Goldschmiede zustande brachten. In der Offenbarung des Johannes wird das Himmlische Jerusalem in all seiner Pracht geschildert. Sie war die wichtigste Vorlage, an der sich romanische Kirchenkunst orientieren konnte. Die dort geschilderten Mauern aus Edelsteinen verraten, warum der das Mauerwerk schützende Verputz bunte Akzente besaß.

Es ist erstaunlich, dass die Restaurierungswelle der 1860er-Jahre, die das Außenmauerwerk purifizierend freilegte, in den Innenräumen der romanischen Kirchen genau das Gegenteil bewirkte: Durch sie wurde ein neuromanisches Gesamtkunstwerk an Ausstattung geschaffen, das einer völligen Neuinterpretation des Raums gleichkam. Nach der Entfernung der als unpassend und unkünstlerisch empfundenen Barockausstattung entwarfen Architekten wie August von Essenwein komplette neuromanische Raumausstattungsprogramme. Der gesamte Innenraum wurde mit einer farbigen Dekoration aus ornamentalen und figürlichen Fresken überzogen. Teilweise konnten sogar umfangreiche Wand- und Gewölbemosaiken finanziert werden. Glasmalereien, Fußböden aus Stiftmosaiken oder glasierten Tonfliesen sowie eine überreiche neuromanische Altarausstattung ließen die Innenräume der romanischen Kirchen Kölns zu Gesamtkunstwerken des Historismus werden. Auch wenn man damals mit dieser Opulenz übertrieb, so war die Ausstattungskunst des späten 19. Jahrhunderts doch deutlich näher am mittelalterlichen Erscheinungsbild als der jetzige Rohbaucharakter, den die romanischen Kirchen Kölns seit ihrem Wiederaufbau nach dem Zweiten Weltkrieg besitzen. Die durch den Förderverein Romanische Kirchen Köln e.V. vor Ort aufgestellten Schautafeln zeigen diese heute verschwundene Seite der romanischen Kirchen in alten Aufnahmen.

WIEDERAUFBAU MIT KOMPROMISSEN

Nach den gewaltigen Zerstörungen Kölns im Zweiten Weltkrieg war der erste Konsens unter den Beteiligten des Wiederaufbaus der Kirchen, die Chance zu nutzen, diese von der geradezu verachteten neuromanischen Ausstattung zu befreien. So bestimmt der Stil des Bauhauses der 1920er-Jahre, der die verantwortlichen Architekten der Nachkriegszeit in ihrer Ausbildungszeit geprägt hatte, bis heute die Innenräume der romanischen Kirchen. Wand- und Gewölbeflächen sind mit einem dicken, kalkweißen Verputz versehen, der mit den steinsichtigen architektonischen

Vorangehende Doppelseite: Der Blick hoch in das Gewölbe des Chores von Sankt Severin zeigt die Experimentierfreude der Spätromanik.

Gliederungselementen kontrastiert. Die liturgische Neuausstattung in modernen Formen ist meist so zurückhaltend, dass sie für den Raumeindruck keine Rolle spielt. In der Folge entstanden in den architektonisch meist getreu rekonstruierten Kirchen moderne Innenräume, die nichts mit dem angestrebten vermeintlichen Original zu tun haben.

Der Generalplaner für den Wiederaufbau Kölns, der Architekt Rudolf Schwarz, traf 1948 eine folgenschwere Entscheidung: Die romanischen Kirchen Kölns sollten als „Inseln der Vergangenheit" rekonstruiert werden, während die übrige Innenstadt völlig neu bebaut werden konnte. Lediglich das Martinsviertel am Rhein, die sogenannte Altstadt, erhielt durch die in ihren alten Proportionen neu gebauten Giebelhäuser zumindest eine mittelalterliche Anmutung zurück. Ansonsten galt bei der Neubebauung Kölns das US-amerikanische Ideal der autogerechten Stadt, wofür mehrspurige Schneisen durch die Innenstadt geschlagen wurden. Der Autofahrer sollte überall hin gelangen und dort parken können, was zu so bizarren Lösungen wie die der Domtiefgarage und der Zerstörung des historischen Neumarkts als Platzanlage führte. Rekonstruktionen schwer beschädigter Profanbauten gab es mit Ausnahme des Historischen Rathauses nicht, sodass heute „kein Haus zum anderen passt", wie es eine Kölnbesucherin einmal treffend formulierte. Dies erklärt den merkwürdig verlorenen Eindruck, den die romanischen Kirchen Kölns in ihrer modern bebauten Umgebung abgeben. Mit Ausnahme der Hochhäuser des Gerling-Konzerns und des (vormaligen) Polizeipräsidiums, die Sankt Gereon und Sankt Georg zuleibe rückten, verzichtete man immerhin weitgehend auf weitere Bauten dieser Art in der linksrheinischen Kernstadt.

Der Wiederaufbau der romanischen Kirchen vollzog sich in mehreren Phasen, die zugleich ein Dokument des Wandels denkmalpflegerischer Leitbilder sind. Kurz nach Kriegsende galt es zunächst, Notdächer aufzubringen und die Kirchenreste vor weiterem Einsturz zu sichern. Provisorische Notkirchen wurden in weitgehend unzerstörten Raumteilen eingerichtet. Wie schwierig anfangs das Ringen um eine angemessene Rekonstruktion war, zeigt der Wiederaufbau von Sankt Maria im Kapitol. Die eingereichten Entwürfe des Gutachterwettbewerbs 1955, die auf der Schautafel des Fördervereins Romanische Kirchen vor Ort in Reproduktion zu sehen sind, lassen erschauern. So wollten einige Architekten den eingestürzten Dreikonchenchor als nackte Betonschale mit einem Vierungsturm aus Glasbausteinen neu errichten. Der Architekt Willy Weyres entschied sich für eine Rekonstruktion des Erscheinungsbilds der Bauzeit, was allerdings den Verzicht auf nachträgliche Veränderungen wie die Zwerggalerie bedeutete. Im Langhaus zeigt sich diese Ambivalenz darin, dass die Gewölbe des 13. Jahrhunderts nicht rekonstruiert wurden, ihre nun funktionslosen Konsolen aber erhalten blieben. Die Holzdecke hielt Weyres bewusst modern, um sie optisch vom romanischen Bestand zu trennen. Das zerstörte Maßwerk der Fenster im südlichen Seitenschiff ließ er in modernen Betonformen völlig neu gestalten.

Auch in Sankt Ursula und in Sankt Cäcilien wurde auf die nachträglich eingezogenen gotischen Gewölbe zugunsten einer provisorisch wirkenden Holzdecke verzichtet. Die barocke Einwölbung von Sankt Pantaleon galt per se als den Raumeindruck störend und damit verzichtbar. Beim Wiederaufbau von Sankt Andreas konnten die Reste der salischen Krypta des Langchors ausgegraben werden, die zugunsten des spätgotischen Chorneubaus abgerissen worden war. Der Architekt Karl Band errichtete diesen fünf Jahrhunderte nicht mehr vorhandenen Raum

1954 in modernen Formen völlig neu. Sankt Andreas ist darüber hinaus ein gutes Beispiel für den damaligen unbekümmerten Umgang mit den Dächern: Anstatt des steilen, spätgotischen Chordachs wurde eine unhistorische, modern abgeflachte Lösung gewählt, um den Vierungsturm besser sichtbar zu machen.

Ab den 1960er-Jahren ging der Trend schlagartig weg vom kontrastreichen Ersatz verlorener Bauteile in modernen Formen hin zur peniblen, vollständigen Rekonstruktion nach den überlieferten Ansichten. So wurden die zunächst aus Ziegelsteinen aufgemauerten, die alte Form nur andeutenden Zwerggalerien an Sankt Aposteln und Groß Sankt Martin nun in Stein erneuert. Die Dreikonchenchöre dieser beiden Kirchen wuchsen als weitgehende Neubauten mitsamt ihren Türmen wieder in der überlieferten Form in den Himmel. Beim jahrzehntelangen Wiederaufbau der statisch schwer zerrütteten Kirche Sankt Gereon wurde sowohl die Außen- als auch die Innenschale des Mauerwerks mitsamt der meisten Zierglieder weitgehend erneuert. Gerade bei einem so bedeutenden Bauwerk ist es umso bedauerlicher, dass es durch diese Maßnahme wie eine allzu neue Kopie seiner selbst erscheint. Für den Innenraum wählte die Baufirma einen Trachyt aus, dessen hoher Eisenoxydgehalt zu unschönen, fleckigen Ausblühungen auf der Steinoberfläche führt. Da die teuren, von Georg Meistermann entworfenen starkfarbigen Glasfenster nicht in ihrer Wirkung beeinträchtigt werden sollten, entschied sich die Kirchengemeinde zudem gegen einen Innenputz. So bleibt ausgerechnet bei Sankt Gereon das Ergebnis des Wiederaufbaus höchst ambivalent.

Weitaus gelungener ist der Raumeindruck in Sankt Kunibert. In dieser Kirche ließ die Pfarrgemeinde einen dem Original nahekommenden Innenputz zu, der die lichte Wirkung des Innenraums steigert und den besonderen Schatz, die erhaltenen spätromanischen Glasmalereien der Ostteile, besonders zur Geltung bringt. Schon 1956 war die Kirche mit Ausnahme des weiterhin in Ruinen liegenden Westbaus vollständig wiederhergestellt. Erst nachdem 1981 der Förderverein Romanische Kirchen gegründet worden war, konnte dieser schließlich als letzte große Aufgabe des Wiederaufbaus in der alten Form neu errichtet werden. Allerdings gab es vor allem innerhalb der Architektenszene Diskussionen, ob nach so langer Zeit des Nichtvorhandenseins überhaupt noch etwas rekonstruiert werden dürfe. Einen Versuch, die kriegszerstörte unmittelbare Umgebung der romanischen Kirchen exakt im Vorkriegszustand zu rekonstruieren, gab es mit 40 Jahren Abstand nur bei Sankt Maria im Kapitol. An dieser Kirche war der Wunsch so groß, den malerischsten Blickwinkel auf sie wiederauferstehen zu lassen, dass 1980–83 die romanische Südvorhalle samt barocken Singmeisterhäuschen und gotischer Dreikönigenpforte komplett neu entstand.

Während der bauliche Bestand der romanischen Kirchen gesichert ist, wird sich schon in naher Zukunft die Frage ihrer weiteren Nutzung stellen. Aufgrund der zurückgehenden Zahl an Kirchenmitgliedern und Priestern mussten bereits Pfarreien fusionieren, was zu einer Abnahme der Zahl der Messen in den jeweiligen Kirchen geführt hat. Ein Blick in das nahe Maastricht zeigt eindrucksvoll, wie ein Überangebot an historischen Sakralbauten anderweitig genutzt werden kann. Am Sitz des reichsten Erzbistums Deutschlands schreckt man allerdings vor solchen Überlegungen, zumindest was die Innenstadtkirchen betrifft, zur Zeit noch zurück.

Mit der Hardenrathkapelle im Winkel des Dreikonchenchores von Sankt Maria im Kapitol hat sich ein seltenes Beispiel einer spätgotischen Privatkapelle in Köln erhalten.

IM SCHATTEN DES DOMS
SANKT ANDREAS

Bauzeit: Langhaus und Westbau um 1190–1220, Chor ab 1414
Besonderheiten: Kreuzgangflügel mit „maurischen" Bögen, hervorragende spätromanische Bauplastik, einziger spätgotischer Chor Kölns, zeitgenössische Glasfenster von Markus Lüpertz
Ehemalige Funktion: Kanonikerstiftskirche

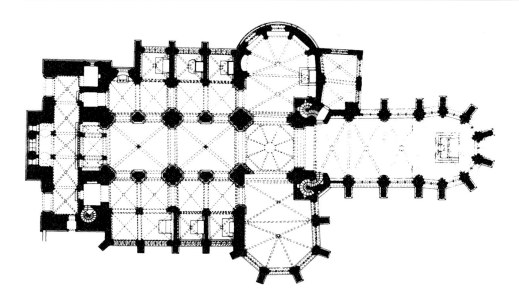

Die meisten Touristen, die tagtäglich zu Hunderten aus den Reisebussen an der Komödienstraße steigen, steuern zielsicher den Dom an. Dabei übersehen sie mit der Andreaskirche, die unmittelbar hinter dem Haltepunkt liegt, eine der schönsten romanischen Sakralbauten Kölns. Wer um die Ecke des der Kirche vorgelagerten Büro- und Klostergebäudes aus den 1950er-Jahren biegt, dem eröffnet sich zunächst eine höchst kontrastreiche Ansicht: links ein wuchtiges, allzu hohes Bankgebäude der Moderne, rechts der sich tapfer dagegen anstemmende spätromanische Westbau. Immerhin reicht der platzartige Zwischenraum aus, um die feingliedrige Außengestaltung der Kirche bewundern zu können. Einmalig in der rheinischen Romanik ist der etwas vortretende Mittelteil des Westbaus, sodass die Kirche nicht nur im Osten, sondern auch im Westen eine kreuzförmige Gestalt erhält. Der einst im Westen der Kirche vorgelagerte Kreuzgang wurde 1843 abgerissen. Der Ostflügel entging dem Abbruch, da er das Erdgeschoss des Westbaus der Kirche bildet. Heute dient dieser Kreuzgangflügel als Vorhalle. Er gehört mit zum Originellsten, was die rheinische Romanik zu bieten hat, denn die Gurtbögen bestehen aus einer frei in den Raum ragenden Abfolge von Rundbögen, die in kleinen Röllchen enden. Diese ganz besondere

Der spätromanische Westchor von Sankt Andreas besitzt dank des vortretenden Risalits eine kreuz-förmige Gestalt.

Verzierung, die an maurische Bauwerke erinnert, wurde auch von den romanischen Kirchen Spaniens und Südwestfrankreichs vielfach als Motiv aufgegriffen. Möglicherweise gelangte es durch einen Kanoniker des Andreasstifts nach Köln, der es auf einer Pilgerreise nach Santiago de Compostela gesehen haben könnte. In Deutschland findet sich diese spezielle Bogenform nur noch einmal, und zwar in der um 1220 vollendeten Kapelle der Neuenburg an der Unstrut. Der thüringische Landgraf warb für deren Ausbau wohl genau jene Steinmetze an, die zuvor in Sankt Andreas in Köln gearbeitet hatten. In seiner Kapelle gibt es nicht nur die Zackenbögen, sondern auch die gleichen Säulen aus schwarzem Kohlenkalk aus den Ardennen sowie eine ähnliche Kapitellgestaltung wie in der Andreaskirche. Steht man in Köln bewundernd im Kreuzgang, so ist es nur zu bedauern, dass noch in der Zeit des Domweiterbaus und damit des neu erwachten Bewusstseins für die Architektur des Mittelalters in unmittelbarer Nähe einer der eindrucksvollsten Kreuzgänge der deutschen Romanik für die Errichtung einer Schule geopfert wurde.

Die Stiftsherren betraten ihre Kirche einst durch das heute verglaste Portal im Mittelteil des Kreuzgangs, der sich an dieser Stelle durch den vortretenden Westbau etwas weitet. So konnten sie in feierlicher Prozession direkt durch das Mittelschiff in den Ostchor ziehen. Der heutige Besucher gelangt hingegen zunächst in das südliche Seitenschiff, in dem sich ihm die Besonderheiten der spätromanischen Basilika auf einen Blick erschließen. Im Gegensatz zu den anderen romanischen Kirchen Kölns ist die Gestaltung der Pfeiler und Bögen besonders wuchtig und plastisch gehalten. Die mehrfache Abstufung der Sockel

Nicht ohne Grund erinnern die Bögen in der Vorhalle von Sankt Andreas an Bauwerke der Mauren und an Kirchen am spanischen Jakobsweg.

und Gurtbögen trägt wesentlich zu diesem Eindruck bei. Einmalig ist der bewusst als Gestaltungsmittel eingesetzte Wechsel des Baumaterials: Streifenartig wechseln Quader aus hellgrauem Trachyt mit jenen aus dunklerem Andesit ab. Beide Baumaterialien entstammen den Steinbrüchen des Siebengebirges bei Bonn. Dieser auffällige Materialwechsel findet sich außer in Sankt Andreas nur im gleichzeitig errichteten Kreuzgang der Benediktinerabteikirche Brauweiler, die im westlichen Vorfeld Kölns liegt. Die mächtigen, schon spitzbogig geführten Gurtbögen des Mittelschiffs künden zusammen mit den kuppelartig aufsteigenden Rippengewölben vom Einfluss der nordfranzösischen Frühgotik. Gegenüber der schwer wirkenden Arkadenzone entsteht durch diese gegensätzliche Gewölbebildung ein reizvoller Kontrast.

Ein weiterer Unterschied zu den übrigen romanischen Kirchen Kölns ist die geradezu üppige Verwendung von Bauplastik. So setzen sich die mit fast freiplastisch gearbeiteten Blattranken verzierten Kapitelle rund um die mächtigen Pfeiler als Band fort. Besonders schön sind die Kapitelle am Nordwestpfeiler des Langhauses, an denen Adler in den Halsring beißen und ihre Schwingen um die Ecken legen. Im Mittelschiff findet sich unterhalb des Blendtriforiums ein durchlaufender Blattfries, der ebenfalls von höchster Qualität ist. Da jeder mittelalterliche Mensch wusste, wie teuer Bildhauer als Spezialisten waren, führten die Stiftsherren von Sankt Andreas mit der überreichen Bauplastik demonstrativ ihren Wohlstand vor. Auch wenn die Abmessungen ihres Langhauses bescheiden waren, so versuchten die Kanoniker dennoch, die größeren Kirchen ihrer Kollegen mit der Raffinesse der Gestaltung, der plastischen Wucht und der

Der östliche Kreuzgangflügel von Sankt Andreas blieb nur erhalten, da er in den westlichen Teil der Stiftskirche integriert war.

29

Vielzahl der Bauplastik zu übertrumpfen. Liturgisch werteten sie ihre Kirche auf, indem sie wie in Sankt Aposteln und Sankt Georg nicht nur einen Ost-, sondern zusätzlich auch einen Westchor einfügten. Aufgrund des beengten Bauplatzes, der den Stiftsherren zur Verfügung stand, entschieden sie sich für eine besondere Lösung: Sie nutzten einfach die Empore im Westbau, die durch den östlichen Kreuzgangflügel entstanden war. Dies erinnert an die Westempore der benachbarten Damenstiftskirche Sankt Ursula. Wie dort konnten die Kanoniker, die in Sankt Andreas nicht in Einzelhäusern, sondern in den Gemeinschaftsräumen oberhalb des Kreuzgangs lebten, vom Dormitorium im Obergeschoss aus den Westchor bequem für ihre nächtliche Gebetszeit erreichen.

Während die Architektur des Langhauses überzeugend konsequent gestaltet ist, verwirrt der Blick in den Vierungsbereich selbst den baukundigen Betrachter. Die achteckige Vierungskuppel ist fensterlos und liegt deutlich tiefer als das Mittelschiffgewölbe. Diese unschöne Lösung erklärt sich durch die Baugeschichte: Als Langhaus und Vierung um 1200 errichtet wurden, stand noch der niedrigere Langchor des 11. Jahrhunderts, auf den es Rücksicht zu nehmen galt. Dass die romanischen Treppentürme seitlich des Chors mit ihren Fenstern heute im Querhaus sichtbar sind, ist eine Folge von zunächst schmaler geplanter Querarmen, die dann doch in der vollen Breite der Vierung ausgeführt wurden. Die beiden Querarme, deren Glasmalereien von Markus Lüpertz gerade zu einem neuen Anziehungspunkt der Andreaskirche werden, schließen nicht gerade. Wohl nach dem Vorbild des Bonner Münsters, von dem sich die Stiftsherren auch die Form ihres achteckigen Vierungsturms holten, haben sie einen chorartigen Abschluss. Beide Querarme erscheinen heute in einer gotischen Form, doch blieben im Norden noch umfangreiche Reste der spätromanischen Gestaltung erhalten.

Ungewöhnlich für die romanischen Kirchen Kölns ist der reiche Bildhauerschmuck von Sankt Andreas.

Das Vesperbild aus der zweiten Hälfte des 14. Jahrhunderts fordert zum Mitleiden mit der Gottesmutter auf.

Nachfolgende Doppelseite: Die wuchtige Pfeilerstruktur des Langhauses erhält durch den streifenartig eingesetzten Materialwechsel einen besonderen Reiz.

Der Blick zum Westchor führt die ungemein plastische Innenarchitektur der Andreaskirche vor Augen.

31

Eine völlig neue Welt öffnet sich im langgestreckten spätgotischen Ostchor, der durch die tiefer liegende Vierungskuppel wie ein eigenständiger Bauteil erscheint. Mit dem 1414 begonnenen Neubau gönnten sich die Stiftsherren noch einmal etwas ganz Besonderes. Sie nahmen sich die Chorhalle des Aachener Münsters zum Vorbild, die genau in jenem Jahr vollendet worden war. Erkennbar ist die gewollte Ähnlichkeit am zentralisierenden Abschluss. Die Wände sind vollständig durch Maßwerkfenster aufgelöst, sodass nur die ohne Kapitellunterbrechung aufsteigenden schlanken Dienstbündel das Gewölbe zu tragen scheinen. Da von vornherein geplant war, das Chorgestühl entlang der Wände aufzustellen, enden die Dienste der Längsseiten knapp unterhalb der Fensterbank auf Konsolen. Diese sind mit musizieren-

den Engeln und Propheten mit Schriftbändern geschmückt, während die fast freiplastisch gearbeiteten Schlusssteine Reliefs Christi, Mariens sowie der Apostel Andreas und Matthäus tragen. Letzterer war der Patron der Vorgängerkirche. Die Darstellungen erinnern daran, dass auch dieser Chor als Abbild der Himmelsstadt gedacht war. Das erhaltene spätgotische Chorgestühl, das eingemauert den Zweiten Weltkrieg überstand, macht die einstige Funktion des Langchors als Ort des Stundengebets der Kanoniker deutlich.

Schon vor dem Bau des Ostchors begannen die Stiftsherren zu Beginn des 14. Jahrhunderts damit, ihre Kirche im Sinne der Gotik zu modernisieren. Sukzessive öffneten sie beide Seitenschiffwände, um rechteckige Kapellen anzubauen. In ihnen blieben zahlreiche mittelalterliche Fresken erhalten, die teils wie gemalte Retabel die ursprünglich vor den Ostwänden stehenden Altäre schmückten. Besonders eindrucksvoll ist der Blick in die erste Seitenkapelle des Nordseitenschiffs von Westen. Die gesamte Ostwand nimmt über einer Kreuzigung mit Heiligen und

Der spätgotische Altar der Rosenkranzbruderschaft kam erst nach der Säkularisation aus der damals abgerissenen Dominikanerkirche nach Sankt Andreas.

Linke Seite: Der 1414 begonnene spätgotische Neubau des Chores folgt dem Vorbild der Chorhalle des Aachener Münsters.

Links: Der Makkabäerschrein entstand erst im frühen 16. Jahrhundert und gehörte bis zur Säkularisation den Benediktinerinnen des Makkabäerklosters.

Rechts: Zusammen mit dem spätgotischen Chor entstand das bis heute erhaltene, zweireihige Chorgestühl der Stiftsherren und Vikare.

35

In der heutigen Sakristei, der ehemaligen Portalvorhalle, blieb dieses originelle romanische Kapitell gut geschützt erhalten.

Stiftern die Darstellung des Marienlebens ein. Auf der Westwand findet sich ein überlebensgroßer heiliger Christopherus, dessen Anblick angeblich vor einem unvorbereiteten Tod an diesem Tag schützen sollte. Ungemein schwungvoll ist der Drachenkampf des heiligen Georg auf der Nordwand geschildert, der sich sogar über der Holztür einer Nische fortsetzt. Die übrige Ausstattung, wie das Vesperbild im Nordquerhaus, der Altar der Rosenkranzbruderschaft in der südwestlichen Kapelle sowie der Schrein des heiligen Albertus Magnus im Chor, stammt aus der benachbarten, im frühen 19. Jahrhundert abgerissenen Klosterkirche der Dominikaner. Die Gebeine des Kirchenlehrers ruhen seit den 1950er-Jahren in einem römischen Sarkophag in der modern wieder aufgebauten Krypta des 11. Jahrhunderts. Prunkstück der Kirche ist der spätgotische Schrein der sieben Machabäerbrüder und ihrer Mutter, der im südlichen Querarm aufgestellt ist. Er kam erst nach dem Abbruch der Kölner Benediktinerinnenabtei Zu den Machabäern nach Sankt Andreas.

Ganz zum Schluss sei der Blick außen von der Chornordseite der Andreaskirche hinauf zu den Domtürmen empfohlen. Aus diesem „gotischen" Blickwinkel heraus vermittelt sich die alles überragende Baumasse der Kathedrale fast am eindrucksvollsten. Zugleich erscheint der spätgotische Chor von Sankt Andreas umso graziler, fast wie ein kostbarer Schrein aus Maßwerk und Glas. Im Winkel zwischen Chor und Nordquerarm erhebt sich über der einst offenen Vorhalle die ehemalige Schatzkammer des Stifts, deren Bau 1211 ein Kanoniker finanzierte. Erst in der Spätgotik vermauerte man die Vorhalle, um in ihr eine neue Sakristei einzurichten. Wem die freundlichen Dominikaner Einblick in diesen Raum gewähren, der entdeckt ein prächtig geschmücktes Löwenportal der Spätromanik. Bis zur Einrichtung der Sakristei diente es dem Zugang der Gläubigen in die Kirche und blieb durch das schützende Gewölbe weitgehend im Originalzustand erhalten. Auf die Eintretenden strömte gleichsam die Heilswirkung der in der darüber liegenden Schatzkammer verwahrten Reliquien herab.

Die Wände der in gotischer Zeit an die Seitenschiffe angebauten Kapellen werden teilweise bis heute von den originalen Fresken geschmückt, die im unteren Teil als Altarbilder dienten.

WETTEIFERN MIT DEN KATHEDRALEN
SANKT APOSTELN

Bauzeit: Langhaus und Westquerarm um 1025–35, Westturm zweite Hälfte
12. Jahrhundert, Dreikonchenchor um 1200, Einwölbung Mittelschiff und
Westquerhaus 1220/30
Besonderheiten: Nachbau der stadtrömischen Basilika Sankt Paul vor den
Mauern, Weiterentwicklung des Dreikonchenchors von Groß Sankt Martin,
höchster romanischer Kirchturm Kölns
Ehemalige Funktion: Kanonikerstiftskirche

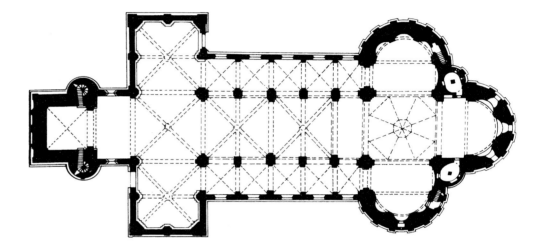

Die Apostelnkirche hat ihre prominente städtebauliche Position bis heute bewahren können.
Ihr ausladender Dreikonchenchor bildet noch immer den westlichen Abschluss des Neumarkts,
dessen für mittelalterliche Verhältnisse ungewöhnlich große Fläche auf das 11. Jahrhundert zu-
rückgeht. Die moderne Straßenführung der Ost-West-Achse degradiert den Neumarkt jedoch
zu einer Art Verkehrsinsel, versteckt unter großen Platanen. Dadurch wird das einst großartige
Bild des von Sankt Aposteln dominierten Marktplatzes entscheidend gestört. Der hoch empor-
ragende Westturm war ehemals für all jene Reisenden Orientierungspunkt, die sich über die
schnurgerade, römische Trasse der Aachener Straße von Westen her der Stadt näherten.
Wichtig für die Erlebbarkeit der ungewöhnlich mächtigen Dimensionen der Basilika, die
gleichsam eingespannt ist zwischen zwei völlig konträren Chorlösungen, sind die nah heranrü-
ckenden Wohn- und Geschäftshäuser der Nordseite. Sie geben den Maßstab für den Betrachter,
um über die Größe des romanischen Bauwerks zu staunen. Wer über die Apostelnstraße
zunächst direkt auf die Mitte der Kirche zugeht und dann entlang der sich vorwölbenden
Konchen und Seitentürme zum Neumarkt weiter geführt wird, erfährt geradezu sinnlich die

Der Dreikonchenchor von Sankt Aposteln
gehört mit zum Bedeutendsten, was an romanischer
Architektur geschaffen wurde.

Indem die reiche Gliederung des Dreikonchen-chores auch die Chortürme miteinbezieht, entsteht ein ungemein reizvolles Architekturbild.

kontrastreiche Wirkkraft dieser besonderen Architektur. Der kleine Platz im Westen der Kirche verschafft dem weit ausgreifenden Querhaus und dem hohen Westturm genau jenen begrenzten Raum, den ein mittelalterlicher Sakralbau benötigt.

Als der Kölner Erzbischof Pilgrim (1021–36) zu Beginn seiner Amtszeit beschloss, ein Stift zu gründen, wählte er einen besonderen Platz dafür aus. Unmittelbar vor der damals noch aufrecht stehenden römischen Stadtmauer nahe dem westlichen Haupttor befand sich eine ältere Apostelnkirche. An ihrer Stelle ließ Pilgrim eine mächtige Pfeilerbasilika mit ausladendem Westquerhaus errichten. Die liturgische Westausrichtung wie auch die Weihe des Westchors an den Apostel Paulus zeigen, dass der Erzbischof in Köln die stadtrömische Kirche Sankt Paul vor den Mauern nachbauen wollte. Damit schuf er nicht nur ein Pendant zum Dom, der dem Apostel Petrus geweiht ist, sondern fügte der Rom nachgebildeten Sakraltopographie seiner Stadt einen wichtigen Eckpunkt an. Wie in Rom fanden im mittelalterlichen Köln an Festtagen Prozessionen zu bestimmten Kirchen im Rahmen einer Stationsliturgie statt. Nachdem sein unmittelbarer

Vorgänger Heribert in den Ruinen des Deutzer Römerkastells eine Maria geweihte Benediktinerabtei errichtet hatte, ergänzte Pilgrim mit Sankt Aposteln das über die Stadt gelegte Kirchenkreuz um den westlichen Arm. Mittelpunkt des Kirchenkreuzes war natürlich der Dom, während die Längsachse aus Sankt Maria im Kapitol im Süden und Sankt Kunibert im Norden gebildet wurde.

Quer- und Langhaus der Pilgrimbasilika sind bis heute im Mauerwerk der Apostelnkirche erhalten. Deutlich dem römischen Vorbild verpflichtet sind die für eine romanische Kirche ungewöhnlich breiten Raumverhältnisse sowie das durchgehende, über die Flucht des Langhauses vorspringende Querhaus. Mit der Monumentalität und Großzügigkeit seines Kirchenbaus setzte Pilgrim Maßstäbe. Zusätzlich inspiriert wurde er durch die Bauten des ersten Salierherrschers Konrad II., dessen Aufstieg er entscheidend unterstützte. Als Stifter fand Pilgrim sein Grab inmitten der westlichen Vierung, die den Kanonikern als Ort ihres Stundengebets diente.

In der zweiten Hälfte des 12. Jahrhunderts gaben die Stiftsherren dem westlichen Hauptchor durch die Überbauung mit einem mächtigen Chorturm eine völlig neue Gestalt, die das Stadtbild prägen sollte. Der höchste romanische Kirchturm der Stadt besaß mit seinen wie aufgestapelt wirkenden, zurückspringenden Geschossen und dem einst vorhandenen steilen Faltdach eine besondere Monumentalität. Eine außen angebrachte Skulptur des Apostels Paulus (Kopie, Original in der modernen Kirchenaula) erinnert an das ursprüngliche Patrozinium des Westchors.

Um 1200 entschlossen sich die Kanoniker, ihrer Kirche einen repräsentativeren Ostabschluss zu geben und damit die schon von

Der höchste romanische Kirchturm Kölns beherrschte im Mittelalter die westliche Stadtansicht.

Nachfolgende Doppelseite: Der untere Teil des Turmes umfasst im Inneren den Westchor, der dem Apostel Paulus geweiht war, wie die Außenskulptur zeigt.

41

Die zweischalige Innengliederung des
Dreikonchenchores folgt dem Vorbild
von Groß Sankt Martin.

Pilgrim angelegte Doppelchörigkeit weithin sichtbar zu machen. Vermutlich war auch der Neumarkt innerhalb der Handelsstadt Köln immer wichtiger geworden, sodass die Kirche ihm nicht mehr gleichsam den Rücken zuwenden sollte. Zum Vorbild nahmen sich die Kanoniker den gerade vollendeten Dreikonchenchor von Groß Sankt Martin, den sie zu übertreffen versuchten. Auffällig sind im Unterschied zur Martinskirche die breiter gelagerten Proportionen des Apostelnchors, die Bezug nehmen auf die Weite des beibehaltenen Langhauses aus dem 11. Jahrhundert. Ein weiterer Unterschied sind die in der Apostelnkirche nur zweifach vorhandenen Seitentürme, die aber deutlich größer und eigenständiger angelegt sind, damit sie mit dem Westturm neben den Apsiden ein weiteres Symbol der Dreieinigkeit bilden können. Da die Seitentürme des Apostelnchors unten rund und

nicht eckig wie in Groß Sankt Martin sind, ergibt sich mit den Rundungen der weiten Apsiden ein reizvolles Zusammenspiel. Völlig unterschiedlich ist der zum Innenraum hin offene Vierungsturm. Er geht auf das Vorbild der romanischen Kaiserdome in Speyer, Worms und Mainz zurück. Mit dem dort nicht vorhandenen Kuppeltürmchen, das an byzantinische Kirchen erinnert, setzt der Vierungsturm von Sankt Aposteln einen ganz besonderen Akzent.

Bis zu ihrem Abriss im späten 18. Jahrhundert verlief unmittelbar vor der Ostapsis der Apostelnkirche die römische Stadtmauer. Ihre einstige Höhe von fast acht Metern ist bis heute an der zugemauerten Tür der Ostapsis ablesbar, von der aus ein Gang über die Stadtmauer führte. Die spätgotische Marienfigur in der benachbarten Nische erinnert daran, dass der Ostchor Maria geweiht war. Im Innern fällt der Chor gegenüber dem Vorbild von Groß Sankt Martin zurück,

Der Querblick aus der Nordkonche heraus zeigt
besonders eindrucksvoll die Verbindung eines
Zentral- mit einem Längsbau.

Als die Stiftsherren die hölzernen Flachdecken
durch frühgotische Steingewölbe ersetzen
ließen, musste den salischen Mauern eine innere
Stützkonstruktion vorgeblendet werden.

Nachfolgende Doppelseite: Durch das
Mittelschiff hat man einen freien Blick
in den Dreikonchenchor.

44

dessen Gliederung in der Apostelnkirche durch das Ziehen in die Breite deutlich an Eleganz und Gestaltungskraft verloren hat. Dafür ist der Blick in den zum Innenraum offenen Vierungsturm mit seiner Laterne, der über der wuchtigen Architektur des Dreikonchenchors zu schweben scheint, großartig.

Um 1220 begannen die Stiftsherren ein gewagtes Unternehmen, indem sie das bis dahin flach gedeckte Mittelschiff samt Westquerhaus einwölben ließen. Die dafür benötigte Spannweite stellte an die Bauleute eine besondere Herausforderung dar. Zur notwendigen Verstärkung der Wände und Pfeiler blendeten sie eine doppelgeschossige Gliederung vor. Mit den sechsteiligen Rippengewölben, deren Vorbild in der Normandie zu suchen ist, gaben sie dem Innenraum einen eleganten Rhythmus aus Haupt- und Zwischenpfeiler. Die vorgeblendete Innengliederung des Westquerhauses, die um 1230 entstand, verrät schon deutlich frühgotische Einflüsse.

Die hochgelegenen Basen der Pfeiler der westlichen Vierung deuten die einstige Höhe des an dieser Stelle befindlichen Kanonikerchors mit dem Pilgrimgrab an. Im 17. Jahrhundert gaben die Stiftsherren ihren Westchor zugunsten des nun ausschließlich genutzten Ostchors auf. Daher ließen sie den hohen Unterbau in der westlichen Vierung nebst Krypta abbrechen und legten einen axialen Eingang vom Westturm aus an. Erst beim Wiederaufbau nach dem Zweiten Weltkrieg entstand die Krypta des 12. Jahrhunderts neu. Für den Gottesdienst der dem Stift unterstehenden Pfarrei errichteten die Kanoniker keine eigenständige Kirche, wie es zum Beispiel bei Sankt Georg der Fall war. Eine große Vorhalle auf der Nordseite des Langhauses erfüllte etwas provisorisch diesen Zweck, bis sie im späten 18. Jahrhundert niedergelegt wurde und die Pfarrei Platz im Innern der Stiftskirche erhielt.

Wie Groß Sankt Martin erhielt auch die Apostelnkirche zum Abschluss der umfangreichen Restaurierung Ende des 19. Jahrhunderts eine vollständige neuromanische Innenausstattung. Mit ihrem Mosaikschmuck orientierte sie sich mehr an byzantinischen als an romanischen Vorbildern. Beim Wiederaufbau nach dem Zweiten Weltkrieg beseitigte man die noch großflächig vorhandenen Mosaikreste zugunsten weiß verputzter Gewölbe und Wände. 1988–93 versuchte der Kirchenmaler Hermann Gottfried, zumindest die Gewölbe des Dreikonchenchors wieder mit figürlichen Fresken zu verzieren. Dabei griff er auf moderne Stilmittel zurück, die zusammen mit der etwas matten Farbigkeit aber allgemein keinen Anklang fanden. Als Pilotprojekt auch für die übrigen romanischen Kirchen Kölns gedacht kann der Neuausmalungsversuch als gescheitert gelten.

Mit ihrer gegenpoligen Turmgestaltung zeigt die Apostelnkirche schon von außen die innere Doppelchörigkeit.

Wie in Groß Sankt Martin vermitteln Laufgänge mit rundbogigen Arkaden zwischen den drei Apsiden.

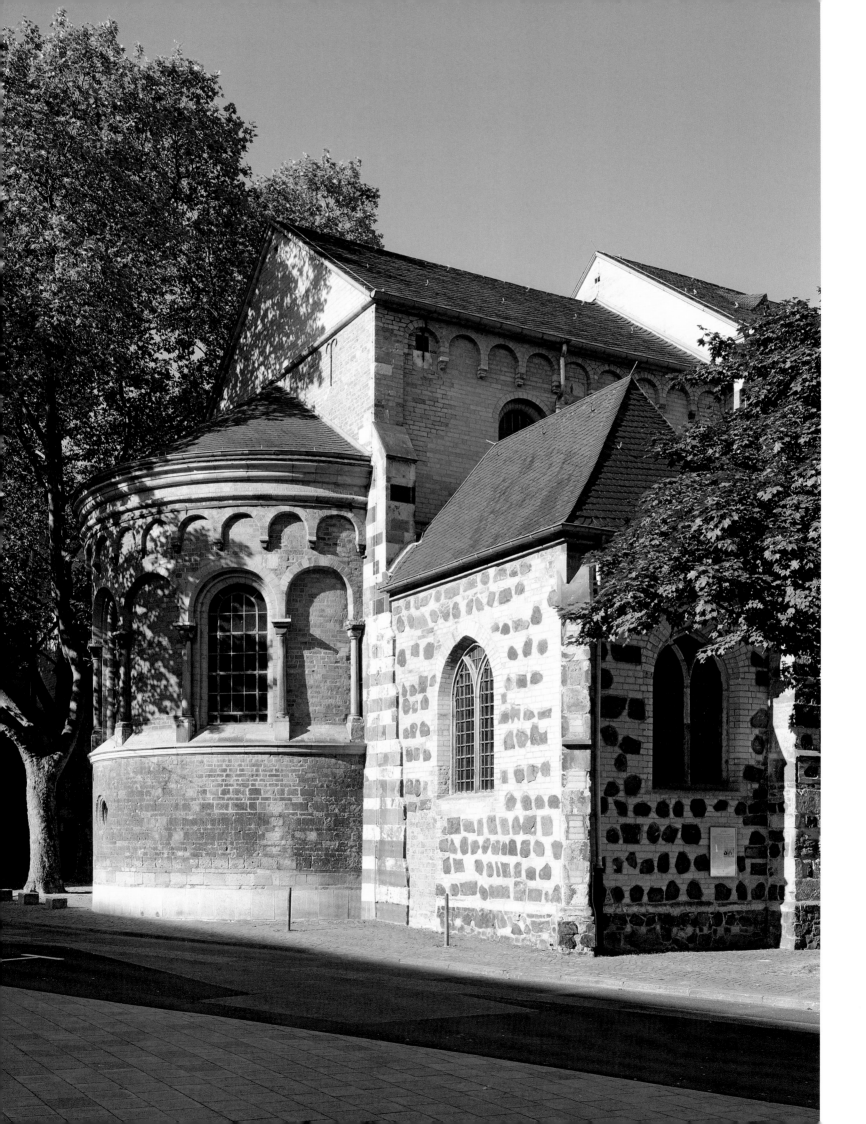

MUSEUMSKIRCHE MIT ANHANG
SANKT CÄCILIEN

Bauzeit: Krypta 10. Jahrhundert, übrige Kirche um 1170, 1849 Westchor neuromanisch verändert

Besonderheiten: zusammen mit der benachbarten Peterskirche einzige erhaltene Doppelanlage aus Stifts- und zugehöriger Pfarrkirche, romanisches Tympanon, „fränkischer Bogen"

Ehemalige Funktion: Damenstiftskirche

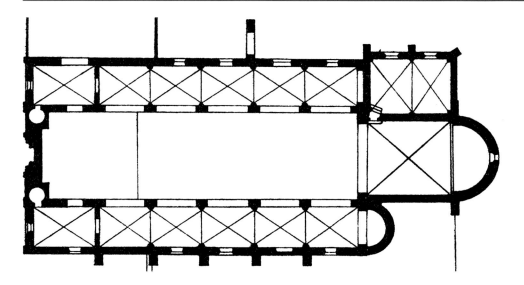

Unter den zwölf großen romanischen Kirchen Kölns ist Sankt Cäcilien die schlichteste. Durch die zurückhaltende Architektur des Innenraums kommen die in ihr seit 1956 ausgestellten Skulpturen, Glasmalereien, Textilien und Goldschmiedearbeiten der Sammlung Schnütgen besonders gut zur Geltung. Aus der Not, der Kriegszerstörung des Vorgängermuseums im nüchternen Stil der Neuen Sachlichkeit in Deutz, wurde mit der Verlegung der Sammlung in die funktionslose Cäcilienkirche eine Tugend gemacht. Jeder Besucher spürt augenblicklich, wie sehr die Ausstellungsstücke von der sakralen Aura des Raums profitieren. So kann das Museum Schnütgen ohne Übertreibung zu den schönsten Mittelaltermuseen Europas gezählt werden.

Die Außenerscheinung der Cäcilienkirche wird seit kurzem durch das neue, völkerkundliche Rautenstrauch-Joest-Museum beeinträchtigt. Dessen übermächtiger, kastenförmiger Neubau lässt den Sakralbau dahinter fast verschwinden. Die Sammlung Schnütgen hat gleichzeitig eine mehr als bescheidene Erweiterung erhalten, die dem Umfang des Depots in keiner Weise gerecht wird. So bleibt die Mehrzahl der von Schnütgen gesammelten Schätze dem Publikum

Die Apsis ist der einzige besonders gegliederte Teil des Außenbaus.

Der Haupteingang der Cäcilienkirche liegt auf der Nordseite, da sich im Westteil der Chor der Stiftsdamen befand.

weiterhin entzogen. Die Chance, das Mittelalter als die größte, europaweit bedeutende Epoche der Kölner Stadtgeschichte mit einem gebührend umfangreichen Museum zu feiern, wurde aus unverständlichen Gründen vergeben.

Aufmerksame Besucher des Museum Schnütgen sind immer wieder überrascht, dass zwei Kirchenbauten unmittelbar nebeneinander liegen. Nur durch einen schmalen Hof getrennt erhebt sich neben der ehemaligen Damenstiftskirche Sankt Cäcilien die zugehörige Pfarrkirche Sankt Peter. Der Besitz einer Pfarrei war für Stifte und Klöster im Mittelalter eine lukrative Einnahmequelle, besonders in einer so reichen Metropole wie Köln. Allerdings entschlossen sich die meisten geistlichen Gemeinschaften, eigene Kirchen für den Pfarrgottesdienst zu errichten. Diese standen in unmittelbarer Nähe der großen Stifts- und Abteikirchen, von denen sie abhängig waren. Durch die Säkularisation 1802 konnten die Pfarreien die größeren Mutterkirchen übernehmen. Die nun funktionslosen Pfarrkirchen verschwanden bis auf Sankt Peter alle in der ersten Hälfte des 19. Jahrhunderts. Dass die Doppelkirchenanlage von Sankt Cäcilien und Sankt Peter erhalten blieb, lag an der damaligen Neunutzung der Cäcilienkirche durch das im Klosterbereich eingerichtete städtische Bürgerhospital. So blieb der Pfarrei, die Sankt Peter weiter nutzen musste, ein Umzug verwehrt.

Die Peterskirche ist in ihrer jetzigen Gestalt, mit Ausnahme des beibehaltenen romanischen Turms, ein spätgotischer Neubau des frühen 16. Jahrhunderts. Einst verband ein Gang die beiden Kirchen. Er ermöglichte nicht nur, Prozessionen zwischen beiden Kirchen trockenen Fußes abzuhalten, auch die Stiftsdamen konnten so nach Sankt Peter gelangen, wo sie auf der Nordempore einen exklusiven Platz hatten. Die Äbtissinnen des hochadeligen Damenstifts besaßen das Vorrecht, sich im Chor ihrer Pfarrkirche begraben zu lassen. Die Stifterfigur der Äbtissin Elisabeth von Manderscheid im spätgotischen Mittelfenster von Sankt Peter erinnert an diese enge Verbindung. Die Chorfenster gehören mit zum Qualitätsvollsten, was die Kölner Glasmalerei am Ausgang des Mittelalters schuf. Etwas verloren im nüchtern gehaltenen Raum der Kunststation Sankt Peter wirkt das wertvollste Barockgemälde der Stadt mit der Kreuzigung Petri. Kein geringerer als Peter Paul Rubens schuf es als eines seiner letzten Werke in Erinnerung an seinen auf dem Friedhof der Peterskirche begrabenen Vater.

Wenn die Ausgrabungsergebnisse der Nachkriegszeit korrekt interpretiert wurden, dann steht die Doppelkirchenanlage auf dem südwestlichen Bereich der öffentlichen Thermen der Römerstadt. Die Vorgängerbauten beider Kirchen nutzten die Fundamente zweier rechtwinklig zueinander stehender Flügelbauten um den wohl als Sportplatz genutzten Innenhof. Einziger heute sichtbarer Rest der vorromanischen Zeit ist der sogenannte Fränkische Bogen. Dieser steht senkrecht zur Nordwand der Cäcilienkirche neben dem einstigen Hauptportal. Vermutlich war er Teil einer längeren Arkadenreihe. Dass immerhin dieser Bogen erhalten blieb, verdankt er seiner Verbauung in die Vorhalle der Kirche. Als diese 1838 abgerissen wurde, erkannte man das hohe Alter des freigelegten Bogens und erhielt ihn. Der Forschung gibt er einige Rätsel auf. Mit seinem Tuffsteinmauerwerk und den streifenartig eingefügten Flachziegeln könnte er durchaus der römischen Zeit entstammen, zumal er exakt auf den Fundamenten einer der ergrabenen

Die Reliefs des Hauptportaltympanons wurden aus römischen Spolien gemeißelt.

Nachfolgende Doppelseite: Der quer zur Kirchenachse stehende „fränkische Bogen" ist der älteste Bauteil im Stiftsareal.

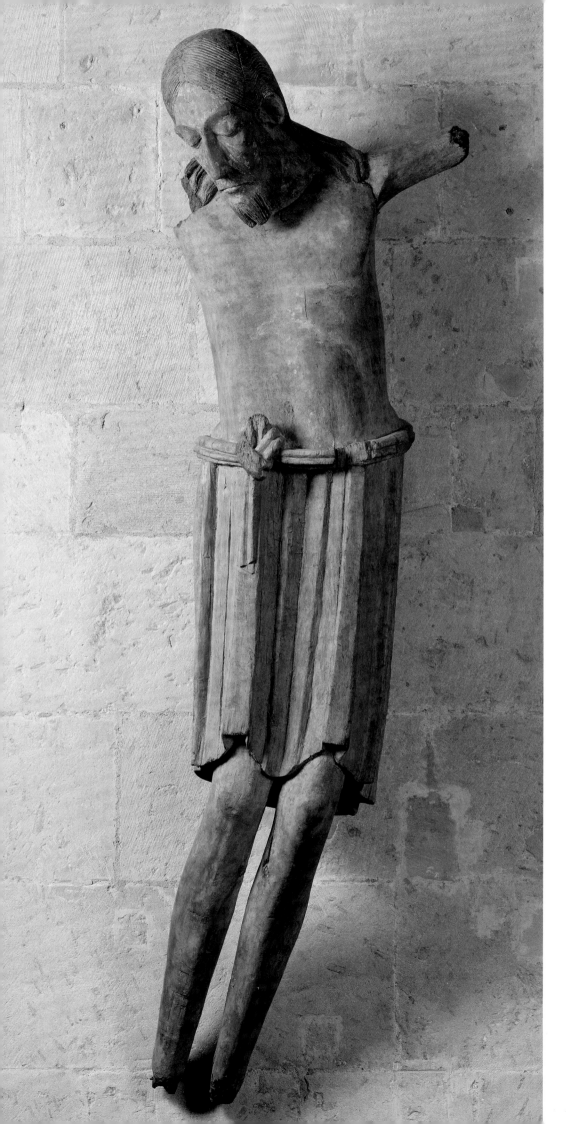

Eckbauten der Thermen steht. Dennoch geht man mittlerweile davon aus, dass er der einzige erhaltene Rest eines Kreuzgangs des 10. Jahrhunderts ist, als Erzbischof Bruno das Damenstift baulich erneuern ließ. Da aber zumindest seit dem romanischen Neubau der Cäcilienkirche wie in Sankt Ursula der Kreuzgang axial im Westen lag, bleibt diese These fraglich.

Das Äußere der wohl um 1170 neu errichteten Damenstiftskirche ist auffällig schlicht gehalten. Allein die Apsis besitzt mit ihrer Blendbogenreihe, die von Säulen getragen wird, und dem ausladenden Dachgesims eine plastischere Ausgestaltung. Für die zugesetzte rundbogige Öffnung im Scheitel der Apsis gibt es zwei Erklärungsmöglichkeiten: Entweder könnte in ihr eine gemeinsame Totenleuchte für die Gräber des Stiftsfriedhofs gestanden haben, oder sie diente als Guckfenster auf den Schrein des heiligen Evergislus, der einst hinter dem Hochaltar stand. Eilige Pilger hätten so auch außerhalb der Öffnungszeiten der Damenstiftskirche Gelegenheit gehabt, etwas vom Heil des Heiligen auf sich wirken zu lassen. Bis zu seinem Abbruch in der Barockzeit besaß die turmlose Kirche einen sehr ungewöhnlich gestalteten romanischen Dachreiter. Zeichnungen überliefern seine kreuzförmige, kuppelbekrönte Gestalt, die vermutlich als Symbol des Himmlischen Jerusalems gedacht war.

Da die Cäcilienkirche in ihrem westlichen Teil die Empore der Stiftsdamen enthielt, befindet sich das Hauptportal auf der Nordseite zum Stadtzentrum hin. Sein Tympanon ist, als Ausnahme unter den romanischen Kirchen Kölns, mit figürlichen Reliefs geschmückt: Ein Engel eilt aus dem Himmel herbei, um der als Halbfigur dargestellten Kirchenpatronin die (verlorene) Krone des ewigen Lebens aufzusetzen. Cäcilia wird begleitet von ihrem

Der gekreuzigte Christus aus salischer Zeit hing einst in Sankt Georg und befindet sich heute im Museum Schnütgen.

Verlobten Valerianus und dessen Bruder Tiburtius, die sie zum christlichen Glauben bekehrt hatte. Alle drei Figuren hielten einst als Zeichen ihres siegreichen Martyriums Palmzweige in ihren Händen. Die umlaufende lateinische Inschrift fordert die Eintretenden auf, den Dargestellten in ihrer Keuschheit nachzueifern, um sich einen Platz im Himmel zu sichern. Das Tympanon blieb bis zum Abbruch der schützenden Vorhalle 1838 gut erhalten. Als es 1977 durch eine Kopie ersetzt und in das Innere der Kirche verbracht wurde, entdeckte man auf der Rückseite eine römische Grabinschrift. Wie bei vielen romanischen Bildwerken wurde auch für seine Herstellung in Zweitverwendung auf römische Kalksteine zurückgegriffen, die sich besonders gut bearbeiten ließen.

Im Innern der Kirche setzt sich der Eindruck einer ganz bewusst eingesetzten schlichten Gestaltung fort, denn das reiche Damenstift hätte sich ohne Weiteres einen weitaus aufwendigeren Kirchenbau leisten können. Einziger Schmuck der dreischiffigen Basilika sind die aus Trachytquadern errichteten Pfeiler und Arkaden zu den Seitenschiffen, während alle übrigen Wände aus verputzten Bruchsteinen aufgemauert wurden. Die Stiftsdamen verzichteten sogar auf ein östliches Querhaus und eine Einwölbung des Mittelschiffs. Möglicherweise war diese demonstrative Verzichtshaltung Ausdruck einer damaligen Reformhaltung des Konvents.

Bei der Umnutzung zur Krankenhauskirche des städtischen Bürgerhospitals im frühen 19. Jahrhundert verkürzte man den Westchor mit der Stiftsdamenempore, verlängerte aber gleichzeitig die Seitenschiffe etwas nach Westen und gab dem Ganzen eine neuromanische Fassade. Die im 17. Jahrhundert zugeschüttete

Oben: Im Westteil der Kirche befindet sich die romanische Krypta, die einst den Chor der Stiftsdamen trug.

Das romanische Retabel stammt aus Sankt Ursula und ist heute eines der Hauptwerke des Museums Schnütgen.

Nachfolgende Doppelseite: Einziger Schmuck des flachgedeckten Mittelschiffs sind die Arkaden aus Trachytquadern.

Krypta wurde wieder freigelegt. Sie trug einst die Stiftsdamenempore und besteht aus zwei zu verschiedenen Zeiten entstandenen Teilen. Die hintere, tiefer gelegene Krypta, deren erhaltener Altar dem ersten Kölner Bischof Maternus geweiht war, reichte ursprünglich noch etwas weiter nach Westen. Sie entstand vermutlich noch im 10. Jahrhundert. Die runden und quadratischen Ziegelplatten des Fußbodens entstammen den Pfeilern einer römischen Hypokaustenheizung. Vor der Krypta liegt etwas höher ein von Pfeilern und Säulen gestützter Vorbau, der zusammen mit der Kirche errichtet wurde. Er verlängerte die Stiftsdamenempore in das Mittelschiff hinein. Auf seinem vorkragenden Erker befand sich ehemals der Konventaltar.

Von der mittelalterlichen Ausstattung der Cäcilienkirche blieben vor Ort allein die inzwischen recht verblassten gotischen Fresken der Chorwände erhalten. Sie schildern das Leben Christi und das Martyrium der Kirchenpatronin. Einer der Höhepunkte der Sammlung im Kölner Erzbischöflichen Diözesanmuseum Kolumba, das um 1440 von Stefan Lochner geschaffene Tafelgemälde der Muttergottes mit dem Veilchen, befand sich einst an einem Pfeiler der Cäcilienkirche. Es erinnert an eines der dramatischsten Geschehnisse in der Geschichte des Damenstifts, denn zu Füßen Mariens ließ sich die Auftraggeberin, Äbtissin Elsa von Reichenstein, darstellen. Obwohl sie die einzige verbliebene Bewohnerin des Damenstifts war, wehrte sie sich verzweifelt gegen seine Übergabe an die heimatlos gewordenen Augustiner-Chorfrauen des Klosters Weiher im heutigen Ortsteil Lindenthal. Letzteres ließ die Stadt Köln 1474 abreißen, um bei der befürchteten Belagerung durch den burgundischen Herzog Karl den Kühnen diesem keine Möglichkeit zum Unterschlupf zu gewähren. Nachdem Kaiser Friedrich III. mit seinen Truppen Karl besiegt hatte, hielt sich der Herrscher einige Tage in Köln auf. Die Augustinerinnen nutzten diese einmalige Chance und erreichten mit Hilfe einiger Reliquiengeschenke, dass sich der Kaiser ihrem Schicksal annahm. Er unterstützte die Übernahme des bisher rein hochadeligen Cäcilienstifts recht handgreiflich, indem er das von Elsa von Reichenstein verbarrikadierte Kirchenportal gewaltsam aufbrechen ließ. Elsa wurde als Äbtissin abgesetzt, erhielt aber ein lebenslanges Wohnrecht auf dem Gelände des nun auch niederadeligen und bürgerlichen Frauen zugänglichen Klosters. Bis zu ihrem Tod 1486 prozessierte sie vergeblich gegen das ihr angetane Unrecht, wofür sie ihr gesamtes Vermögen aufbrauchte. Ihr kostbares Marienbild entfernte sie aus Sankt Cäcilien und schenkte es Sankt Peter, wo sie sich als letzte hochadelige Äbtissin des aufgelösten Damenstifts begraben ließ.

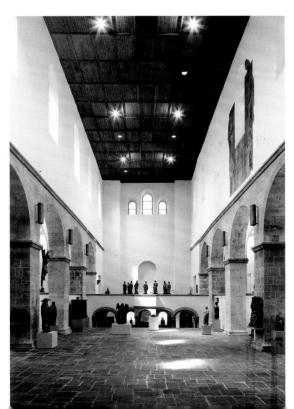

Das von Elsa von Reichenstein gestiftete Tafelgemälde, Stefan Lochners „Madonna mit dem Veilchen", befindet sich heute im Kolumba Kunstmuseum des Erzbistums Köln.

Der an das schlicht gehaltene Mittelschiff angrenzende Westchor wurde im 19. Jahrhundert stark verändert.

61

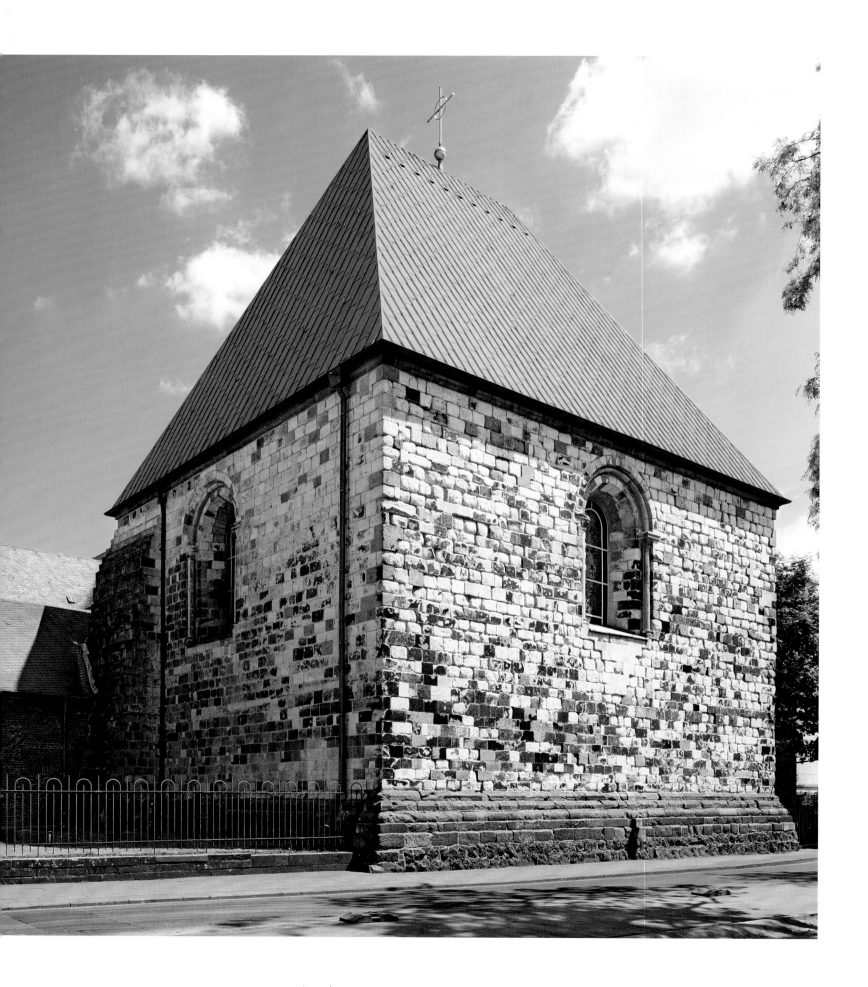

RAVENNA AM RHEIN
SANKT GEORG

Bauzeit: 1059–67, Westchor Ende 12. Jahrhundert
Besonderheiten: einzige romanische Säulenbasilika des Rheinlands, römische Spolien, monumentaler Westchor, expressionistische Glasfenster
Ehemalige Funktion: Kanonikerstiftskirche

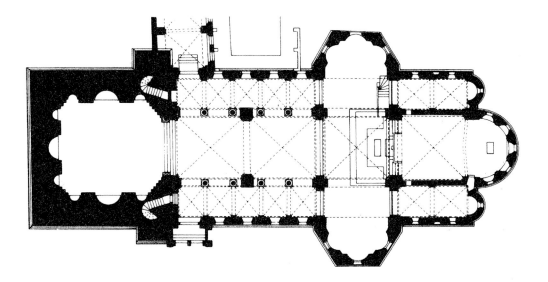

Sankt Georg gehört zu jenen Kölner Kirchen, denen der Wiederaufbau nach dem Zweiten Weltkrieg besonders übel mitgespielt hat. Zwar wurde sie penibel rekonstruiert, doch verlor sie in den 1950er-Jahren ihre städtebauliche Einbindung und Wirkung durch eine völlig maßstabslos verbreiterte Straßenführung und ein allzu nahes Hochhaus. Letzteres konnte vor kurzem durch eine etwas niedrigere Blockbebauung ersetzt werden. Die bisher jüngste unter den selbst gemachten Kölner Katastrophen, der Einsturz des Stadtarchivs und einiger benachbarter Wohnhäuser, verschonte sie nur knapp. Trotz all dieser Widerwärtigkeiten lohnt ein Besuch der Georgskirche, da sie ein einmaliges Raumbild besitzt.

Der in fränkischer Zeit entstandene Vorgängerbau nutzte die Ruinen einer römischen Straßenpolizeistation. Diese befand sich unmittelbar vor dem Südtor der antiken Metropole an der nach Bonn führenden Straße. Die heutige Kirche verdankt ihre Entstehung einer der schillerndsten Gestalten des mittelalterlichen Köln, Erzbischof Anno II. (Amtszeit 1056–75). Dieser entführte den minderjährigen König Heinrich IV., um die Regentschaft des Reichs an sich zu reißen. Weiterhin vernichtete er unbarmherzig seine Hauptkonkurrenten um die Herrschaft im

Von außen erinnert der Westchor von Sankt Georg
mehr an eine Burg als an eine Kirche.

Rheinland, die Pfalzgrafensippe der Ezzonen, und betrog die Abtei Brauweiler um das Erbe der Richeza. Um sein Seelenheil zu retten, gründete er mit dem übernommenen Besitz der Ezzonen fünf Klöster und Stifte, darunter Sankt Georg in Köln. Rastlos sammelte er Reliquien, wobei er auch vor Diebstahl nicht zurückschreckte. Da sich die Heiligen nicht wehrten, stimmten sie dem Ortswechsel seiner Meinung nach zu. Als skrupelloser Machtpolitiker spürte er wohl nur allzu genau, dass er möglichst vieler dieser Fürsprecher beim Jüngsten Gericht bedurfte.

Anno wählte für die 1059 begonnene Georgskirche eine ganz besondere architektonische Gestalt. Als einzige Kirche im Rheinland stützen in ihr Säulen und nicht, wie üblich, Pfeiler das Mittelschiff. Die überwiegend aus rotem Sandstein bestehenden Säulen ließ Anno römischen Ruinen Kölns entnehmen. Die in der Barockzeit abgerissenen, aber 1927

wieder rekonstruierten Querarme schließen nicht gerade, sondern polygonal mit drei Seiten, die innen je eine halbrunde Nische enthalten. Die Idee zu dieser ungewöhnlichen Form wie auch der Gestaltung des Mittelschiffs holte sich Anno vermutlich bei den Säulenbasiliken Ravennas, die er als Kanzler für Reichsitalien gut kannte. Deren Mosaikschmuck ließ er mit den Mitteln der Malerei nachahmen, wie die aufgefundenen Überreste monumentaler Heiligendarstellungen und eines großen Mäanderfrieses zwischen den Obergadenfenstern zeigen.

Bei der Chorgestaltung der Georgskirche aus fünfschiffiger Hallenkrypta und einem halbrund geschlossen Hauptchor, der von zwei Seitenchören begleitet wird, orientierte sich Anno an den Bauten der damaligen Kirchenreform. Ein Kapitell der Krypta gibt mit der Inschrift „Hadebraht me fecit" („Hadebraht machte mich") einen in der rheinischen Romanik seltenen Hinweis auf den Bildhauer. Der im 19. Jahrhundert abgerissene Kreuzgang mit den Konventbauten schloss sich östlich an den Chor an – eine einzigartige Anlage unter den Kölner Stiften. Der sogenannte

Im späten 12. Jahrhundert ließ ein unbekannter Stifter den Westchor auf großartige Weise neu errichten.

Sankt Georg ist die einzige erhaltene romanische Säulenbasilika im Rheinland.

Die ungewöhnliche Mauerdicke des Westchors konnte zur Anlage des monumentalen Chorbogens genutzt werden.

Nachfolgende Doppelseite: An einem Kapitell der Renaissancevorhalle wird der Sündenfall dargestellt.

65

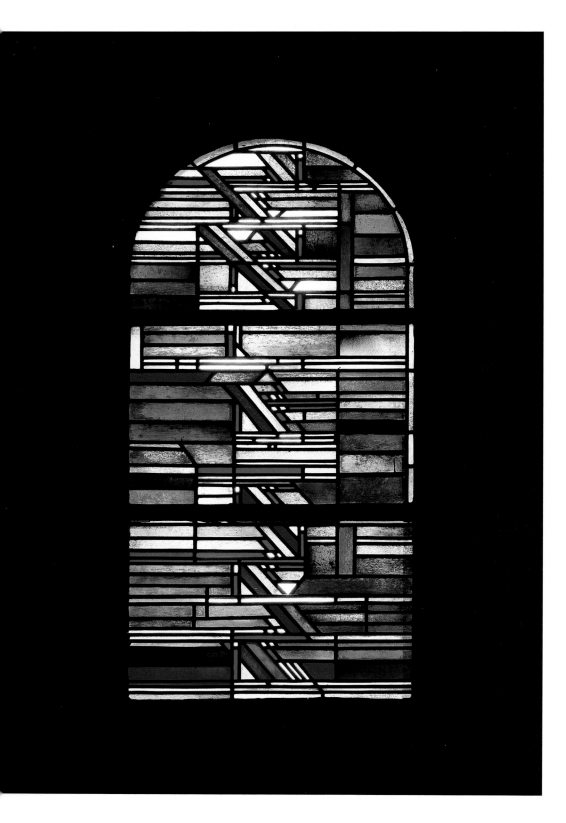

Annoturm, der bis in die Barockzeit im Stifts-
bereich stand, dürfte ein im Mittelalter um-
gebauter großer römischer Grabbau gewesen
sein. Beiderseits der Severinstraße erstreckte
sich das riesige Gräberfeld des antiken Kölner
Südfriedhofs.

Mitte des 12. Jahrhunderts entschlossen sich
die Kanoniker von Sankt Georg, ihre bisher
flach gedeckte Kirche einwölben zu lassen.
Dafür nahmen sie die unschöne Unterbrechung
der Säulenreihe durch einen notwendigen
Stützpfeiler in Kauf. Auch die aufgrund des
Gewölbeverlaufs nun paarweise zusammen-
gerückten Obergadenfenster mussten neu angelegt werden.

Annos Westbau ersetzte Ende des 12. Jahrhunderts ein unbekannter Bischof durch einen
erheblich größeren Neubau, in dessen Mitte
er als Stifter sein Grab fand. Dieser Westchor
gehört zu den ungewöhnlichsten Bauwerken
der rheinischen Spätromanik, zumal es kein
direktes Vergleichsbeispiel gibt. Überraschend
ist die Mauerdicke von über dreieinhalb Metern,
die jeder Burg zur Ehre gereicht hätte. Fes-
tungsartig ist auch die äußere Erscheinung
des Westchors, der bis auf den hohen Sockel
und die Fenster völlig ungegliedert ist. Die
mächtigen Trachytquader dürften römischen
Ruinen, möglicherweise sogar denen des südlichen Stadttors, entnommen worden sein.
Die westlichen Kanten werden von dicken
Strebepfeilern gestützt, die an dieser Stelle
erstmals in der rheinischen Spätromanik auftauchen. Der Außenbau des Westchors blieb
aus unbekannten Gründen unvollendet. Die
dicken Mauern des Erdgeschosses machen nur
Sinn, wenn sie einen geplanten Turmaufbau
getragen hätten. Dieser wäre wohl oberhalb
einer Zwerggalerie und eines Rücksprungs
empor gewachsen. Über die geplante Höhe

kann nur spekuliert werden, doch reichte der Unterbau für einen Turm aus, der alle übrigen Türme Kölns übertroffen hätte. Seine Wirkung wäre beeindruckend gewesen, denn die von Süden kommende Severinstraße läuft direkt auf den Westchor zu, der die alte Römerstraße überbaute, und muss seit seiner Erbauung einen Bogen um ihn machen.

Der Kontrast vom fast abweisend geschlossenen Äußeren zum lichtvollen, durchstrukturierten Innern des Westchors könnte kaum größer sein. Die untere Gliederung aus säulenumstandenen, halbrunden Nischen wird im Obergeschoss zu einem zweischaligen Wandsystem gesteigert. Die Fenster werden von noch größeren Rundbogennischen, ebenfalls mit Säulen, gerahmt und von kleineren Doppelarkaden begleitet. Wesentlich zur ungewöhnlich weiträumigen Wirkung trägt die Hängekuppel bei, die vor der Kriegszerstörung noch höher aufgemauert war. Ihre parabelförmige Konstruktion ermöglichte die damalige Höhe, da der Gewölbedruck so besser in die Außenmauern abgeleitet werden konnte. Marmorartige Kalksintersäulen sowie aus römischen Kalksteinspolien gearbeitete Rankenkapitelle unterstreichen die Kostbarkeit der Architektur. Beeindruckend in seiner Monumentalität ist auch der mehrfach gestufte Bogen zum Mittelschiff hin. Versucht man, Vorbilder für den Westchor von Sankt Georg zu finden, so stößt man auf eine einzigartige Verbindung rheinisch-maasländischer Westchorhallen wie in Xanten, Maastricht oder Lüttich mit den Kreuzkuppelkirchen des Périgord. Allein der bis heute nicht identifizierte bischöfliche Stifter könnte durch seine Herkunft oder seinen einstigen Amtssitz eine Erklärung für diese ungewöhnliche Kombination geben. Im Westchor haben sich mit dem ro-

Mit seinen Kirchenfenstern für Sankt Georg ging Jan Thorn-Prikker künstlerisch völlig neue Wege.

manischen Taufstein, der mit Blendarkaden geschmückt ist, und dem gotischen Gabelkreuz zwei wertvolle Reste der ehemals reichen Ausstattung erhalten.

1927–30 veranlasste der damalige Pfarrer Sankt Georgs, Heinrich Fabry, eine bahnbrechende Restaurierung seiner einsturzgefährdeten Kirche. Der Wiener Architekt Clemens Holzmeister, der zu dieser Zeit an der Düsseldorfer Akademie lehrte, konnte an der Georgskirche erstmals eine umfassende Neuinterpretation eines romanischen Raums im Sinne des Neuen Bauens verwirklichen. Er ließ alle Säulen und Quader von jeder Übermalung freilegen. Auch sämtliche Putzflächen der Gewölbe und Wände verschwanden zugunsten einer hellen, dünnen Schlämme, sodass die raue Steinstruktur als Mittel der Gestaltung sichtbar wurde. Eine Kopie des in seinem rudimentären Zustand gut in die damalige Kunstrichtung des Expressionismus passenden Kreuzes aus der Annozeit (Original im Museum Schnütgen) schmückt seit dieser Restaurierung wieder den Chorbogen. Auch liturgisch ging das Ausstattungskonzept neue Wege, indem der Priester die Messe vor einem zweiten Altar der Gemeinde zugewandt zelebrierte, wie es das Zweite Vatikanische Konzil später für jede katholische Kirche vorschrieb. Ein zentrales und die Georgskirche bis heute prägendes Element der Restaurierung ist die vollständige Verglasung mit expressiven Fenstern des Künstlers Jan Thorn-Prikker. Zugleich sind sie dessen letztes großes Werk. Besonders eindrucksvoll ist die prismatische, größtenteils abstrakte Gestaltung der Seitenschiff- und Querarmfenster mit ihrer durchdringenden Farbkraft. Beim Wiederaufbau nach dem Zweiten Weltkrieg fanden die ausgelagerten oder teilweise nach den Entwürfen neu geschaffenen

Die mit Votivtafeln geschmückte Vorhalle verband einst Sankt Georg mit der dazugehörigen Pfarrkirche Sankt Jakobus.

Romanische Löwen bewachen das Kirchenportal.

Fenster Thorn-Prikkers ihren Weg zurück in die Kirche. Das großartige Raumkonzept Holzmeisters wurde beim Wiederaufbau jedoch entscheidend verwässert, sodass Gewölbe und Wände nun wieder unter einem viel zu dicken Putz verschwunden sind.

Die Vorhalle, durch die bis heute Besucher die Kirche betreten, entstand 1551/52 und ist eines der wenigen erhaltenen Bauwerke der Renaissance in Köln. Einst diente sie als Verbindungsgang zur nördlich gelegenen Pfarrkirche Sankt Jakobus, die dem Stift gehörte. Zuletzt in spätgotischer Gestalt erneuert, stand die Jakobskirche Sankt Georg in ihrer Größe nur wenig nach. Mit ihrem Abriss 1825 verschwand eine der letzten für Köln so typischen Doppelkirchenanlagen.

Die salische Basilika, der staufische Westchor, die Renaissancevorhalle und der Ehrenhof mit den Kriegstoten fügen sich zu einem ungewöhnlichen Ensemble zusammen.

Die Wandgestaltung des Westchores erinnert an römische Stadttore.

73

SPÄTANTIKE TRIFFT FRÜHGOTIK
SANKT GEREON

Bauzeit: Kuppelbau zweite Hälfte 4. Jahrhundert und 1219–27, Langchor und Krypta Mitte 11. Jahrhundert, Chorfassade Mitte 12. Jahrhundert
Besonderheiten: Ovales Erdgeschoss der Spätantike, romanische Chorfassade, einzigartiger Kuppelbau der Spätromanik mit frühgotischen Einflüssen, romanischer Mosaikfußboden, spätromanische Ausmalung der Taufkapelle, gotische Sakristei
Ehemalige Funktion: Kanonikerstiftskirche

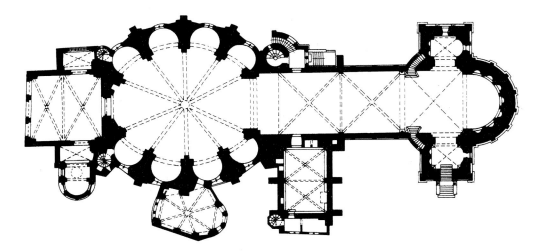

Wer die Besuchermassen erlebt, die sich tagtäglich durch den Dom bewegen, ist überrascht, wie wenige davon den Weg nach Sankt Gereon finden. Denn diese Stiftskirche ist nicht nur die mit Abstand bedeutendste unter den romanischen Kirchen Kölns. Vielmehr kann sie ohne Übertreibung zu den wichtigsten Bauten der romanischen Baukunst Europas gezählt werden. Zwei völlig gegensätzliche architektonische Besonderheiten – ein spätantikes Oval und eine spätromanische Kuppelkirche – verbinden sich in ihr zu einem einzigartigen Sakralbau, wie es ihn in dieser Form nur in Köln gibt.

Das Langhaus Sankt Gereons ist nicht, wie sonst üblich, als dreischiffige Basilika angelegt, sondern als ovaler Raum mit mehreren seitlichen Apsiden. Schon im 19. Jahrhundert erkannten Bauforscher, dass es sich bei ihm um das fast vollständig erhaltene Erdgeschoss eines römischen Bauwerks handelt. Beim Wiederaufbau nach dem Zweiten Weltkrieg konnte dieses in die zweite Hälfte des 4. Jahrhunderts datiert werden. Das Mauerwerk ist teilweise bis in über 16 Meter Höhe erhalten. Als technisches Detail sind die großen Amphoren bemerkenswert, die die römischen Bauleute zur Entlastung in die Nischengewölbe einfügten. Leer und von außen

Die doppeltürmige Chorfassade aus der Mitte des 12. Jahrhunderts war als wuchtiger Akzent zur damaligen Innenstadt hin gedacht.

75

unsichtbar eingemauert dienten die Tongefäße zur Verminderung der Gewölbelast. Einige von
ihnen sind in der Krypta aufgestellt, da sie beim Wiederaufbau der kriegszerstörten Bauteile
nicht mehr verwendet wurden. Vermutlich besaß auch der gesamte Ovalraum ein freitragendes
Gewölbe aus Kalkbeton, mit dem die antiken Baumeister selbst große Spannweiten ohne Zwi-
schenstützen bewältigen konnten.

*Links: In der Chorapsis finden sich noch
romanische Fresken der hier verehrten
Märtyrer.*

*Rechts: Dem Säulenstumpf wurde laut
Inschrift eine Bestrafungsfunktion vorbei-
gehender Sünder zugedacht.*

Bis auf einen winzigen Rest des Mosaikfußbodens in der südwestlichen Konche ist die
Ausstattung der Antike vollständig verschwunden, doch muss sie äußerst prachtvoll
gewesen sein. Die erste Erwähnung der Gereonskirche Ende des 6. Jahrhunderts durch
den Frankenchronisten Gregor von Tours lässt
auf goldglänzende Wand- und Gewölbemosaiken schließen, von denen nur noch einige
Steinchen gefunden wurden. Wie bei Pracht-
bauten der Spätantike üblich waren die unteren Wandteile mit Marmorplatten verkleidet.
Zwischen den Apsiden standen als besonderer
Schmuck jeweils zwei hohe Marmorsäulen.
Die glaubhafte mittelalterliche Stiftsüberlie-
ferung berichtet, Karl der Große hätte die
Säulen zur Ausschmückung seiner Ende des
8. Jahrhunderts errichteten Pfalzkapelle nach
Aachen abtransportieren lassen. Ein einziger
Säulenstumpf blieb seitlich des Hauptportals
erhalten, da ihn die mittelalterliche Legende
mit dem Martyrium des heiligen Gereon und
seiner Gefährten verbunden hatte. Selbst nach
der Umwandlung des antiken Bauwerks in einen spätromanischen Kuppelbau blieb er in
einer eigens angelegten Nische sichtbar. Die
beigefügte Inschrift droht damit, dass die vom
Blut der Märtyrer benetzte Säule vorüberge-
hende Sünder strafen kann.

Mit seinem enormen baulichen und künstleri-
schen Aufwand wäre der römische Ovalbau von
Sankt Gereon eher in Rom denn in Köln am
Rande des römischen Weltreichs zu vermuten.
Trotz seiner großen Bedeutung bleibt bis heute
rätselhaft, welchen Zweck und Bauherrn er
hatte. Seine Lage außerhalb der römischen
Stadtmauer auf einem Gräberfeld trägt ebenfalls
wenig zur Lösung bei. Kleinster gemeinsamer
Nenner der Forschung bleibt die Theorie eines
Memorialbaus für einen hochgestellten Militär.

*Die einzigartige Baugestalt des spätromanisch-
frühgotischen Kuppelbaus resultiert aus der
teilweisen Beibehaltung des spätantiken
Ovalbaus.*

*Nachfolgende Doppelseite: Der Blick in die Tiefe
gibt ein Gefühl für die bis dahin in Köln nicht
gekannte Gewölbehöhe von 34 Meter.*

Als der Kölner Erzbischof Hildebold Ende des 8. Jahrhunderts Kanoniker zur Betreuung des nun in eine Märtyrerkirche umgewandelten Baus berief, konnten diese das vorgelagerte römische Atrium als Kreuzgang umnutzen und durch einige Gemeinschaftsbauten ergänzen. So begründete das Gereonsstift wohl jene spezielle Kölner Bautradition, Kreuzgänge nicht seitlich der Kirche, sondern axial westlich zu errichten, wie es auch in Sankt Andreas, Sankt Ursula, Sankt Maria im Kapitol und Sankt Cäcilien zu finden ist. In Konkurrenz zu den Stiften in Xanten und Bonn verbreiteten die Stiftsherren ab dem 10. Jahrhundert die Legende, ihr Märtyrer Gereon sei Teil der berühmten Thebäischen Legion gewesen. Dies ist eine Wanderlegende, die Italienreisende aus Saint-Maurice d'Agaune im Wallis mitbrachten, das unweit des Kleinen Sankt Bern-

Die spätromanische Taufkapelle ist ebenfalls ein Zentralbau, wenn auch ein kleiner.

hard-Passes liegt. Damit füllte man in Köln die Überlieferungslücke. Indem die Stiftsherren die heilige Kaiserin Helena, Mutter Kaiser Konstantins des Großen, als Gründerin ihres Stifts und Bauherrin ihrer Kirche propagierten, versuchten sie, ihren Vorrang unter den Kölner Stiften zu untermauern.

Im 11. und dann verstärkt im 12. Jahrhundert bemühten sich prominente Zeitgenossen wie der Kölner Erzbischof Anno II. von Köln und Norbert von Xanten, Gründer des Prämonstratenserordens, die bis dahin verborgenen Gebeine Gereons und seiner Gefährten auszugraben. Dabei stießen sie tatsächlich auf reich mit Waffen ausgestattete Gräber, die sie als jene der gesuchten Märtyrer ausgaben. Die so prächtig im Innenraum der Kirche Bestatteten waren aber keine römischen Legionäre, sondern die in fränkischer Zeit in Köln residierenden Unterkönige nebst Familie und Gefolge. Spätestens durch diese planlosen Grabungen wurde der spätantike Mosaikboden zerstört.

Der romanische Sarkophag in dieser Nische des spätantiken Ovalbaus dient zur Aufbewahrung von Märtyrergebeinen.

Eine Besonderheit der Taufkapelle sind ihre weitgehend im Original erhaltenen spätromanischen Fresken, hier zwei Märtyrer der Thebäischen Legion.

Erzbischof Anno, dem angeblich die Märtyrer im Traum erschienen und ihn verprügelten, da er sie vernachlässige, ließ umgehend einen Langchor mit dreischiffiger Krypta an den Ovalbau anfügen. Dieser diente nun als Ort des Chorgebets der Stiftsherren und war mit der Altarweihe 1069 vollendet. Vorbild für den Langchor war das mit dem Gereonstift konkurrierende Bonner Münster, das übertroffen werden sollte. Als die Bonner im Anschluss an ihren Langchor bis 1153 eine prächtige Chorfassade aus reich verzierter Apsis mit Zwerggalerie und seitlichen Türmen anfügten, zogen die Stiftsherren in Sankt Gereon unmittelbar nach. Ihre Chorfassade fiel noch monumentaler aus, zumal sie die Hauptschauseite der Stiftskirche zur Innenstadt bildete. Im Innern der Apsis konnten große Teile des romanischen Freskenschmucks wieder freigelegt werden, auf dem die in den Nischen dargestellten Märtyrer in Gestalt mittelalterlicher Ritter den Hochaltar umstehen.

Als die Bonner um 1210/20 ihr altes Langhaus durch eine Basilika mit deutlich frühgotischen Einflüssen ersetzten, waren die Stiftsherren in Sankt Gereon wieder herausgefordert. Was sich ihr Baumeister ab 1219 einfallen ließ, ist in der europäischen Romanik ohnegleichen: Das spätantike Oval musste auf Wunsch der Kanoniker als Baureliquie erhalten bleiben, da es ja angeblich von der heiligen Helena errichtet worden war. So entstand die singuläre Lösung eines zehneckigen Kuppelbaus (Dekagon) mit Emporengeschoss, dessen Rippengewölbe unglaubliche 34 Meter Innenhöhe erreicht. Lediglich der Kölner Dom sollte wenige Jahre später einen neuen Höhenrekord brechen. Da die deutlich niedrigere Vorhalle in Sankt Gereon erhalten blieb, ist die Steilheit des Kuppelraums bis heute umso eindrucksvoller erlebbar.

Oben: In der Vorhalle wacht ein romanischer Portallöwe.

Das Tympanon des Hauptportals zeigt Christus, der Helena und Gereon segnet.

Blick in die Märtyrergruft zwischen Krypta und Kuppelbau. Seitlich der Kreuzigung sind die heilige Kaiserin Helena als Kirchenstifterin und der Kirchenpatron Gereon dargestellt.

Die dreischiffige Krypta aus der Mitte des 11. Jahrhunderts trägt den Langchor der Stiftsherren.

Der 1227 vollendete Kuppelbau von Sankt Gereon bietet eine ungewöhnliche Mischung traditioneller Bauelemente der rheinischen Romanik wie die Zwerggalerie und die Fächerfenster mit Architekturmotiven der nordfranzösischen Frühgotik. So tauchen an dieser Stelle parallel zum Bonner Münsterlanghaus erstmals offene Strebebögen in der deutschen Baukunst auf. Mit der Verwendung von Plattenmaßwerk in den großen, spitzbogigen Fenstern und dem kathedralhaften Wandaufbau im Innern geht Sankt Gereon weit über das Bonner Münsterlanghaus hinaus. Das Innere des Kuppelbaus wurde während des Wiederaufbaus nach dem Zweiten Weltkrieg steinsichtig belassen, um die zeitgenössischen, grellbunten Fenster Georg Meistermanns besser hervortreten zu lassen. Ein Blick in die 1230/40 errichtete Taufkapelle der Gereonskirche zeigt eine fast vollständige, wenn auch verblasste Gesamtausmalung mit Heiligenfiguren und Ornamenten, wie sie damals auch den großen Kuppelbau geschmückt haben wird. Zugänglich war die als Zentralbau angelegte Taufkapelle durch eine im 19. Jahrhundert abgebrochene Vorhalle von ungewöhnlicher Länge, die in Richtung Innenstadt führte.

Langchor und Kuppelraum schmückten einst nicht nur farbige Wandmalereien, sondern auch unzählige Wandschränke mit darin sichtbar aufgestellten Gebeinen und Schädeln der in der Gereonskirche verehrten Märtyrer. Da alle mittelalterlichen Baumaßnahmen im Bereich von Sankt Gereon auf dem römisch-fränkischen Friedhof stattfanden, kamen fortwährend Knochen ans Tageslicht, die von den Stiftsherren zu Überresten der Thebäischen Legion erklärt wurden. Besucher erlebten den Innenraum der Kirche bis in die Neuzeit als gigantisches Reliquiar aus Stein und Glas.

Wer die dreischiffige Krypta des 11. Jahrhunderts betritt, hat Mühe, im Dämmerlicht den mit Abstand bedeutendsten Überrest der romanischen Ausstattung zu entdecken: Im Osten finden

Ein einmaliger Schatz ist der vom Chor in die Krypta verlegte romanische Mosaikboden mit Darstellungen aus der alttestamentarischen Samson-Geschichte. Links kämpft er mit dem Löwen, rechts trägt er das Stadttor von Gaza davon.

Die Gestaltung der Apsis geht auf das Vorbild des Bonner Münsters zurück.

sich gleich mehrere Bildfelder mit der Davids- und der Samsongeschichte in Mosaikform, die einst den Langchor der Stiftsherren schmückten. Während in den übrigen romanischen Kirchen Kölns nur kleinere Reste solcher Schmuckfußböden entdeckt werden konnten, bietet Sankt Gereon noch einen guten Eindruck dieser ursprünglich römischen Technik, die im 12. Jahrhundert in Köln wiederbelebt worden war. Am Westende der Krypta blieb die einzige Confessio (Märtyrergedenkstätte) der romanischen Kirchen Kölns erhalten. In diesem auch vom Kuppelraum aus einsehbaren Gewölbe stehen drei Sarkophage übereinander, die die verehrten Gebeine enthalten. Zur Krypta hin zeigt eine spätromanische Wandmalerei neben der Kreuzigung Gereon und Helena.

Nach so viel großartiger Romanik sei noch auf einen letzten, gotischen Bauteil der Gereonskirche verwiesen: Jeder Besucher sollte die Gelegenheit nutzen, sich vom Küster die alte Sakristei aufschließen zu lassen. Mit ihr ließen die Stiftsherren 1319 von der Kölner Dombauhütte einen der schönsten Kleinräume deutscher Gotik errichten. In geradezu klassischer Weise finden sich die Formen des Kölner Domchors zu einem straffen Raumganzen aus Fenster- und Blendmaßwerk vereinigt. Selbst einige der gotischen Glasfenster mit Heiligenfiguren sowie die spätgotischen Türflügel mit den Reliefs des Passionschristus und der trauernden Maria blieben erhalten und runden den Gesamteindruck würdig ab.

Während die originale Gestalt der im Zweiten Weltkrieg schwer beschädigten Gereonskirche mit Ausnahme der inneren und äußeren Farbfassung bis 1984 getreu wiederhergestellt wurde, gingen einige wertvolle Ausstattungsstücke unrettbar verloren. Besonders zu bedauern ist der Verlust des gesamten gotischen Chorgestühls und der darüber angebrachten Reliquienschränke, sodass der Langchor heute seltsam leer und funktionslos wirkt. Seine blaue Wandfarbe, die in Angleichung an die romanischen Fresken der Apsis ohne Befund aufgetragen wurde, trennt ihn optisch vom steinsichtig gewordenen Kuppelraum. Über dem Westeingang befand sich bis zum Krieg ein höchst filigranes Orgelgehäuse der Renaissance. Erst vor kurzem hat es einen modernen Nachfolger gefunden, dessen plumpe Gestaltung in einem derart bedeutenden Raum jedoch mehr als unangemessen ist.

Der zehneckige Kuppelbau zeigt auch außen eine Mischung von Bauformen der rheinischen Spätromanik mit jenen der nordfranzösischen Frühgotik.

LEUCHTEND WIE EDELSTEINE
SANKT KUNIBERT

Bauzeit:
östlicher Teil um 1215–26, Schlussweihe 1247, Westturm 1261
Besonderheiten: jüngste unter den romanischen Kirchen Kölns, umfangreich erhaltene spätromanische Farbverglasung und Chorausstattung
Ehemalige Funktion: Kanonikerstiftskirche

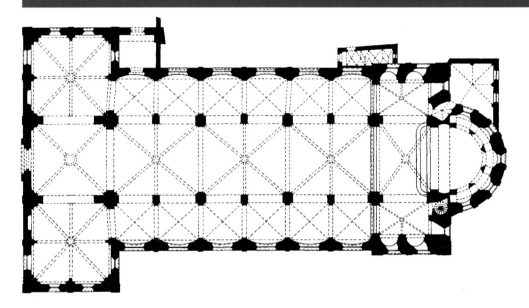

Neben dem Dom und Groß Sankt Martin ist die Kunibertskirche der dritte große Akzent der linksrheinischen Stadtansicht. Allerdings begnügte sich die bereits 1956 abgeschlossene Wiederherstellung der im Zweiten Weltkrieg schwer zerstörten Kirche zunächst mit den Ostteilen und dem Langhaus. Das Westquerhaus samt Glockenturm blieb hingegen jahrzehntelang bis auf zwei als Ruine erhaltene Wände verschwunden. Erst die 1981 erfolgte Gründung des Fördervereins Romanische Kirchen und das 1985 ausgerufene Jahr der romanischen Kirchen Kölns brachten die notwendige ideelle und vor allem finanzielle Unterstützung für den Wiederaufbau der westlichen Teile der Kunibertskirche. Seit 1990 ist die einmalige Silhouette der Stadt zumindest in dieser Hinsicht wieder vollständig.

Auch in der Kölner Sagenwelt nimmt die Kunibertskirche einen besonderen Rang ein. Der Gewölberaum unterhalb der Apsis gewährte einst von außen Zugang zu einem Ziehbrunnen, aus dem angeblich die Kölner Neugeborenen stammten – eine originelle Abwandlung des Klapperstorchmotivs. Der Brunnenschacht wurde bis zum Chorfußboden hoch gemauert, damit die Stiftsherren ihr Tauf- und Weihwasser daraus schöpfen konnten. Ein Brunnen in einer mittel-

Bis heute ist die dreitürmige Kunibertskirche ein
beherrschender Akzent der Kölner Rheinfront.

Das Mittelschiff ist nach dem Vorbild von Sankt Aposteln gestaltet.

alterlichen Kirche ist in Köln einmalig, und auch andernorts nur vereinzelt bis heute erhalten, etwa in den Domen von Bamberg und Regensburg. Möglicherweise war die kultische Verehrung dieses Brunnens für den fränkischen Kölner Bischof Kunibert der Grund, ihn durch eine dem Wasserheiligen Clemens geweihte Kirche zu christianisieren. Dieser frühchristliche Heilige und Papst wurde der Legende nach an einem Anker im Meer ertränkt, woraufhin Engel unter Wasser über seinem Leichnam eine Grabkapelle errichteten. Das spätromanische Clemensfenster in der Chorapsis der Kunibertkirche schildert diese Geschichte. Bischof Kunibert ließ sich nach seinem Tod 663 in der Clemensbasilika begraben, wurde selbst bald als Heiliger verehrt und gab dem späteren Neubau schließlich seinen heutigen Namen. Die Körper der beiden heiligen Ewalde, zweier wegen ihres Glaubens getöteter frühmittelalterlicher Missionare, transportierte der Rhein auf wunderbare Weise flussaufwärts und spülte sie an der Stelle der heutigen Kunibertskirche an. Ende des 18. Jahrhunderts mussten die Stiftsherren die romanischen Schreine der Ewalde und Kuniberts ihres Schmucks berauben, um die von der Französischen Revolutionsarmee erpressten Kontributionen zu zahlen. Heute stehen sie in neugotischer Metallverkleidung im Chor.

Der große mittelalterliche Mäzen der Kunibertskirche, Theoderich von Wied, 1200–10 Propst des Kunibertstifts und 1212–42 Erzbischof von Trier, vermehrte 1222 den Reliquienschatz der Kirche bedeutend. So beschaffte er aus dem Heiligen Land einen Splitter des Kreuzes Christi,

Der Innenraum scheint die Schwere der Romanik schon weitgehend abgelegt zu haben.

Mit der Verkündigungsgruppe am Chorbogen ist in Sankt Kunibert die schönste Skulpturengruppe der Kölner Spätgotik erhalten.

einen Arm des heiligen Nikolaus sowie den Bart Antonius' des Einsiedlers. Die kostbaren spätromanischen Behältnisse dieser Reliquien sowie wertvolle Textilien aus den Schreinen sind in der von außen einsehbaren Schatzkammer im Westquerhaus bis heute zu bewundern.

Theoderich von Wied war noch als Erzbischof von Trier seiner vorherigen Wirkungsstätte derart verbunden, dass er ihr nicht nur diese Reliquien schenkte, sondern sogar einen vollständigen Neubau der Kirche begann. Dieser ersetzte eine viel kleinere Vorgängerkirche, da Theoderich wollte, dass auch seine Kunibertskirche gegenüber den anderen, baulich bereits vollkommen erneuerten Kölner Stifts- und Abteikirchen bestehen konnte. Nach dem Vorbild von Sankt Gereon ließ er die Ostapsis zusammen mit zwei seitlichen Türmen errichten, die mit ihrer umlaufenden Gliederung eine gemeinsame Chorfassade bilden. Im Vergleich zur Gereonskirche ist die Apsis an Sankt Kunibert aber deutlich breiter und höher. Zusammen mit den kompakten Türmen entstand so ein eindrucksvoller, die nördliche Rheinfront beherrschender Akzent, zumal bis in das 19. Jahrhundert zwischen Fluss und Chorfassade nur die Stadtmauer verlief. Die späte Entstehungszeit des Kunibertchors zeigt sich außen in der Verwendung von Blendbögen in Kleeblattform. Die niedrigen Notdächer der Nachkriegszeit, die bis heute beibehalten wurden, nehmen den Türmen viel von ihrer Wirkung. Der blockhafte Chor ist im Innern von völlig gegensätzlicher Gestalt. Die schon spitzbogigen Chorbögen ragen derart hoch hinauf, dass sie der gesamten Kirche, deren Hochschiffe sich an ihnen orientieren, fast gotische Proportionen verleihen. Zusammen mit der für eine romanische Kirche ungewöhnlichen Lichtfülle und den kuppelartig aufsteigenden Gewölben erhält dieser letzte romanische Kirchenbau Kölns eine ganz besondere Leichtigkeit. Die Innengliederung der Apsis, die von Sankt Aposteln abgeleitet ist, variiert das Vorbild dahingehend, dass nicht nur die oberen, sondern auch die unteren Säulen frei vor die Wand gestellt sind. Dadurch ist dem Aufbau alle Schwere genommen. Einzigartig innerhalb der Kölner Kirchenarchitektur ist die querhausartige Öffnung der Chortürme zum Innenraum hin. Die doppelgeschossige Gliederung der Apsis findet dort ihre Fortsetzung, wodurch die Querarme auch optisch als Teil des liturgischen Chors erscheinen.

Das Mittelschiff greift mit seinem Blendtriforium und den sechsteiligen Gewölben ebenfalls auf das architektonische Repertoire von Sankt Aposteln zurück. Allerdings sind die rundbogigen Arkaden deutlich stärker zu den Seitenschiffen geöffnet, sodass sich der Raum gleichsam weitet. Durch ihre großen Achtpassfenster lassen die Seitenschiffe zusätzlich viel Licht in das Mittelschiff strömen. Die Wände der Seitenschiffe greifen das Nischenmotiv der Ostteile auf. Dadurch schwingen alle Innenwände der Kunibertskirche in einem sanften Rhythmus aus. Das mächtige Westquerhaus, das die Pfarrei des Stifts im Mittelalter nutzen durfte, ist mit seinem Raumvolumen und der doppelgeschossigen, schon frühgotischen Innenwandgliederung unverkennbar ebenfalls ein Nachbau der Kölner Apostelnkirche. Nur der Westturm ist nicht wie dort vorgebaut, sondern sitzt auf dem Mitteljoch des Querhauses. Dies war statisch zu gewagt und führte 1830 zum Einsturz des Westturms. Der anschließende Wiederaufbau unterteilte durch Stützen das Querhaus, worauf man bei der jüngsten Rekonstruktion zuguns-

Nachfolgende Doppelseite: Einzigartig sind die spätromanischen Farbfenster der Apsis, die leider viel zu wenig Beachtung finden.

93

ten der ursprünglichen Innenwirkung verzichtete. Der zweimalige Neubau des Westturms beließ es jeweils bei den gotischen Formen des Obergeschosses, die nach einem
Brand Ende des 14. Jahrhunderts geschaffen
wurden, und versuchte keine romanisierende
Neuschöpfung. Der im Verhältnis zum Turm-
körper allzu niedrige Knickhelm hätte nach
dem jüngsten, statisch nun gründlich abgesi-
cherten Neubau der Nachkriegszeit durchaus
einem passenden Aufbau weichen können.
Vorkriegsaufnahmen zeigen alle drei Türme
der Kunibertskirche mit steilen, im späten
19. Jahrhundert erneuerten Helmen, die innerhalb der Rheinansicht wunderbar mit den
neugotischen Domtürmen harmonierten.

Mit der Weihe der Altäre 1226 war die Architektur der Ostteile einschließlich des ersten
Langhausjochs als Aufstellungsort des Chorgestühls vollendet und wurde mit einer pro-
visorischen Trennwand von der übrigen Bau-
stelle abgetrennt. So konnten die Ostteile ausgestattet und schon vor Vollendung der Ge-
samtkirche liturgisch genutzt werden. Die
Kunibertskirche ist in der glücklichen Lage,
große Teile ihrer Chorausstattung bis heute
bewahrt zu haben. An erster Stelle stehen die
farbigen Glasfenster aus der Zeit um 1220/30.
Sie gehören zu den ganz wenigen Beispielen
romanischer Glaskunst, die es in Deutschland
überhaupt noch gibt. Mit Ausnahme des durch
eine moderne Neuschöpfung ersetzten unteren
Mittelfensters besitzt die Apsis von Sankt Kunibert noch ihre vollständige Verglasung der
Erbauungszeit. Das obere Mittelfenster zeigt
einen theologisch wie künstlerisch höchst
komplexen Aufbau. Das in Kurzform geschil-
derte Leben Christi wird eingebunden in eine
Wurzel-Jesse-Darstellung seiner Vorfahren in
einer aufsteigenden, grünen Ranke. Propheten

*Die Nische im nördlichen Querhaus gibt mit
ihren Fresken, Fenster und Altar ein besonders
dichtes Beispiel romanischer Ausstattungskunst.*

*Ein Fenster der Apsis schildert die Legende des
Kirchenpatrons Kunibert. Ganz oben ist die
wunderbare Auffindung der Gebeine der heiligen
Ursula dargestellt.*

97

Liebliche Engel stützen die Konsole Mariens aus der Verkündigungsgruppe.

mit Spruchbändern stehen für das Alte Testament als Vorankündung der Heilsgeschichte. Die beiden seitlichen Fenster schildern die wichtigsten Stationen aus Leben und Sterben der beiden Kirchenpatrone Clemens und Kunibert. Die übrigen Fenster der Apsis und der unteren Querarme sind mit Heiligenfiguren gefüllt. Allen Fenstern gemeinsam ist ein höchst prachtvoller Rahmen, der an Vorlagen der Buchmalerei erinnert. Auf den mittelalterlichen Betrachter wirkten die bunten Fenster wie Edelsteine, die durch das göttliche Licht zum Leben erweckt werden, passend zum Gesamtcharakter einer romanischen Kirche als Symbol der ersehnten Himmelsstadt. Die teuren Fenster finanzierte nicht das Stift, sondern reiche Patrizier und einzelne Kanoniker. Sie haben sich in demutsvoller Bescheidenheit zu Füßen der Heiligen darstellen lassen, die sie durch ihre großzügige Stiftung als Fürbitter beim Jüngsten Gericht gewinnen wollten. Gut erkennbar sind bei den Stifterinnen die Stoffhauben mit Kinnbinde. Ursprünglich dem Adel vorbehalten trugen seit der ersten Hälfte des 13. Jahrhunderts offensichtlich auch wohlhabende Kölner Bürgerinnen diese Tracht.

Die Apsis besitzt nicht nur den aufwendig verzierten romanischen Altarblock. Auch der Schmuckfußboden rund um den Hochaltar, der aus verschiedenartigen Stein- und Marmorplatten besteht, stammt noch aus der Erbauungszeit. Neben dem Boden im Chor von Sankt Severin ist er das einzige erhaltene Beispiel im ganzen Rheinland. Wie eine mittelalterliche Werbetafel zeigen die spätromanischen Fresken der nördlichen Chornische die von Theoderich 1222 geschenkten Reliquien. Sie waren einst im Tresorraum dahinter sicher verwahrt. Die kleine Öffnung inmitten der Fresken sollte ihre Wirkkraft in den Chorraum strömen lassen, auch wenn sie nicht offen gezeigt wurden. Die gegenüberliegende Nische ist als gotisches Wandtabernakel gestaltet. Im südlichen Querarm findet sich als einziges Kölner Beispiel ein ausgemalter Altarbaldachin, unter dem heute der gotische Taufstein steht. Wenn auch stark restauriert, vermittelt die Altarnische im nördlichen Querarm mit romanischem Glasfenster, Fresken, Altarblock und Renaissanceretabel ein selten dichtes Bild einer intakten Gesamtausstattung, wie sie einst den ganzen Raum prägte. Von ausnehmender Schönheit ist die lebensgroße, durch das Mittelschiff korrespondierende Verkündigungsgruppe am Chorbogen. Sie zählt zu den Spitzenwerken spätgotischer Bildhauerkunst nicht nur in Köln. 1439 stiftete sie ein zu Füßen Mariens dargestellter Kanoniker des Kunibertstifts seiner Kirche als Unterpfand seines Seelenheils.

Da der Wiederaufbau des Westquerhauses von Sankt Kunibert samt Turm erst 1990 vollendet war, ist der Kölner Fernsehturm deutlich älter als die rekonstruierte Romanik.

VON DEN RÖMERN ZUR ROMANIK
SANKT MARIA IM KAPITOL

Bauzeit: um 1040–65
Besonderheiten: Dreikonchenchor mit Säulenumgang, Verwendung römischer Spolien, größte Krypta des Rheinlands, einzige erhaltene Holztür der deutschen Romanik mit Reliefs
Ehemalige Funktion: Damenstiftskirche

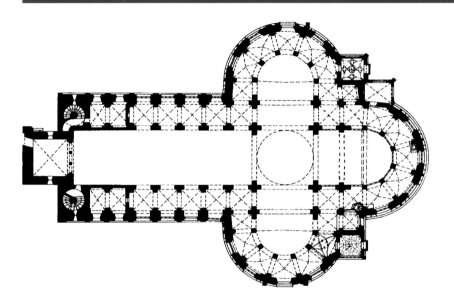

Auf einzigartige Weise hält Sankt Maria im Kapitol die Erinnerung an das römische Köln wach. Das Langhaus der Kirche ruht auf der Fundamentplatte des einstigen Haupttempels des antiken Köln, in dem wie auf dem Kapitolshügel in Rom die Götterdreieinigkeit Jupiter, Juno und Minerva verehrt wurde. Auch nachdem eine der bedeutendsten Frauen der Frankenzeit, Plektrudis, Gemahlin des merowingischen Hausmeiers Pippin des Mittleren, den Tempel Ende des 7. Jahrhunderts in eine Marienkirche umgewandelt hatte, blieb der alte Titel des Kapitolstempels als Zusatz im Kirchennamen erhalten. Rat und Bürgermeister des mittelalterlichen Köln nutzten Sankt Maria im Kapitol – und nicht etwa den alten Dom – wie ihre römischen Vorgänger weiterhin als Kultort. Dort führte der Rat die Bürgermeister mit einer Messe in ihr Amt ein und hielt das Totengedächtnis an verstorbene Amtsträger. Im Kirchturm hing die Sturmglocke der Stadt, die bedrohliche Ereignisse verkündete und zu den Waffen rief.

Bisher glaubte man, dass spätestens durch den Kirchenbau des 11. Jahrhunderts alle oberirdischen römischen Reste beseitigt worden wären. Die neuere Forschung dagegen konnte nachweisen, dass die Trachytquader der Mittelschiffpfeiler mit ihren Säulenvorlagen hin zu den Seitenschiffen

Erst mit der Rekonstruktion des Singmeisterhäuschens in den 1980er Jahren wurde diese in Köln heute seltene Idylle mit Hardenrathkapelle und Dreikonchenchor wieder in den Vorkriegszustand gebracht.

Nachfolgende Doppelseite: Drei senkrecht zueinander stehende, völlig gleiche Apsiden bilden den berühmten Dreikonchenchor der Kapitolskirche.

Die östliche Apsis ist durch eine wieder rekonstruierte spätgotische Maßwerkschranke vom Chorumgang abgegrenzt.

fast unverändert der römischen Tempelarchitektur entnommen wurden. Das Gleiche gilt für die Krypta. Selbst die Umfassungsmauer des antiken Tempelhofs ist noch in der Ostwand des romanischen Kreuzgangs nachweisbar. Die gotische Dreikönigenpforte ist ein Durchlass durch diese Mauer, die den mittelalterlichen Immunitätsbezirk des Damenstifts markierte. Mit dem sogenannten Lichhof (Friedhof) östlich des Dreikonchenchors und dem zumindest in seinen Abmessungen noch erhaltenen Kreuzgang westlich der Kirche besitzt Sankt Maria im Kapitol noch heute zwei mittelalterliche Funktionsbereiche des einstigen Damenstifts. Zugleich geben sie den richtigen Maßstab und Rahmen für die Außenwirkung der romanischen Basilika und ihre besondere Chorgestaltung.

Den Neubau der Kapitolskirche ab 1040 initiierte ein prominentes Geschwisterpaar: Ida, Äbtissin des ansässigen Damenstifts, und Hermann, Erzbischof von Köln und Kanzler für Reichsitalien. Sie waren Enkel Kaiser Ottos II. und der byzantinischen Prinzessin Theophanu. Nach dem Tod ihres Cousins Kaiser Heinrichs II. 1024 erhoben sie für ihre männliche Verwandtschaft keine Ansprüche auf den Thron. Vielmehr unterstützten sie die neue Königsdynastie der aus Rheinfranken stammenden Salier. Sehr deutlich zeigt sich die politische Position Idas und Hermanns selbst in ihrem Neubau der Kapitolskirche. In deren Krypta und Seitenschiffen finden sich deutliche Anklänge an den 1025/30 durch die Salier begonnenen Speyerer Dom. An das von Kaiser Karl dem Großen Ende des 8. Jahrhunderts erbaute Aachener Münster erinnert hingegen die besondere Gestaltung der Arkaden zwischen Turm und Mittelschiff der Kapitolskirche. Hermann demonstrierte damit seinen An-

spruch auf das Vorrecht, den neu gewählten deutschen König in Aachen zu krönen, der anschließend traditionell Köln und die Kapitolskirche besuchte.

Weder durch das Vorbild von Speyer oder Aachen erklärt sich allerdings die mit Abstand bedeutendste Architekturleistung der Kapitolskirche: der kleeblattförmige Chor aus drei senkrecht zueinander stehenden Apsiden, um die mittels Säulenumgängen die Seitenschiffe herumgeführt werden. Auffällig ist die ungefähre Übereinstimmung des Grundrisses mit jenem der konstantinischen Geburtskirche in Bethlehem. So ist es vermutlich kein Zufall, dass die Kölner Kapitolskirche einen besonderen Rang in der mittelalterlichen Weihnachtsliturgie des Erzbischofs einnahm. Allerdings fehlen in Bethlehem die Umgänge, deren hohe Säulen mit ihren Würfelkapitellen auf einen anderen Gründungsbau der neuen salischen Königsdynastie verweisen:

Die Form der in der Kapitolskirche verwendeten Würfelkapitelle ist aus einer Verbindung von Kugel und Quadrat entwickelt.

Nachfolgende Doppelseite: Durch die säulengestützten Chorumgänge, die alle drei Apsiden umfassen, ergibt sich ein ungemein reizvolles Raumbild.

Die eingelegten Glasaugen verleihen der romanischen Christusfigur eine ungewohnte Lebendigkeit.

Unmittelbar nach seiner Wahl gelobte König Konrad II. die Errichtung einer Benediktinerabtei an der Stelle seines Familiensitzes, der pfälzischen Limburg an der Haardt. 1042 geweiht, finden sich im Mittelschiff der Ruine bis heute die gleichen mächtigen Säulen und Würfelkapitelle wie in der Kapitolskirche. Ein weiteres Bindeglied zwischen beiden Bauten ist der Reformabt Poppo von Stablo-Malmedy, gefördert sowohl von Konrad II. als auch von Erzbischof Hermann. Poppo

Links: Einmalig in der romanischen Kunst nördlich der Alpen sind die beiden reich verzierten Türflügel aus dem 11. Jahrhundert.

Die Figur der thronenden Gottesmutter mit Kind befand sich ursprünglich am Ostgiebel der Kapitolskirche.

108

installierte sowohl den Konvent in Limburg wie auch den Konvent in Brauweiler bei Köln, der Klosterstiftung von Ida und Hermanns Eltern. Den Bau der Brauweiler Abteikirche finanzierte die vertriebene Polenkönigin Richeza, Schwester Hermann und Idas. Sie ließ durch Poppos Anregung die Apsis mit einem auf Säulen ruhenden Umgang errichten. Die geniale Bauleistung in Sankt Maria im Kapitol ist die Übertragung dieser Gestaltung auch auf die Abschlüsse des Querhauses. Ein kleeblattförmiger Grundriss mit Umgängen lässt sich auch in der römischen Palastarchitektur finden – möglicherweise ein Hinweis auf die kaiserliche Herkunft Hermanns und dessen Funktion als Kanzler für Reichsitalien.

Die Kölner Kapitolskirche ist nach dem Speyerer Dom das architektonisch ungewöhnlichste Bauwerk der Salierzeit: Auf fast idealtypische Weise verbindet sich in ihr ein dreischiffiger Längs- mit einem Zentralbau, verklammert durch die Weiterführung der Seitenschiffe rund um Querhaus und Chor. Während das Langhaus bis heute fest auf den Tempelfundamenten aus römischem Beton ruht, sicherten die romanischen Baumeister des Dreikonchenchors diesen nur unzureichend ab, obwohl gerade an dieser Stelle aufgrund des schwierigen Baugrunds an der Hügelkante zum Rhein hin besondere Sicherheitsmaßnahmen notwendig gewesen wären. So kam es im Ostteil bald zu enormen Bauschäden, möglicherweise sogar zu Teileinstürzen. In der zweiten Hälfte des 12. Jahrhunderts musste daher der gesamte obere Bereich des Dreikonchenchors neu errichtet werden, wobei die Ostkonche eine Zwerggalerie erhielt. Auf den zum Innenraum offenen Vierungsturm verzichtete man zugunsten einer Hängekuppel. Einige Jahrzehnte später erhielt das bisher flach gedeckte Mit-

Das Detail aus der romanischen Holztür zeigt die Frauen am leeren Grab Christi mit dem Engel, der ihnen die Auferstehung verkündet.

telschiff Rippengewölbe, sodass die gesamte Kirche nun gewölbt war. Beim inkonsequenten Wiederaufbau nach dem Zweiten Weltkrieg verzichtete man auf die Rekonstruktion der Zwerggalerie und des Mittelschiffgewölbes als spätere Zutat, beließ aber die Spitzbögen im Obergaden des Dreikonchenchors.

Eine Vorstellung von der einstigen Pracht der romanischen Kirchenausstattung vermittelt allein noch die monumentale Holztür des 11. Jahrhunderts. Geschützt durch die nördliche der beiden Vorhallen, die sich an die Stirnseiten des Querhauses anschließen, blieb sie mitsamt den Resten der einst äußerst bunten Farbfassung erhalten. Inmitten reich verzierter Rahmenleisten erzählen Hochreliefs die gesamte Heilsgeschichte in Kurzform, wobei das Geschehen rund um die Geburt Christi auffallend ausführlich dargestellt wird. Durch das Nordportal, in dem die Türflügel saßen, betraten alle Laien die Kirche, während der heutige Zugang aus dem Kreuzgangsbereich ursprünglich nur den Stiftsdamen vorbehalten war. Die auf uns heute fast comicartig wirkende Darstellung des Geschehens auf den Türflügeln war daher nicht nur Schmuck, sondern wichtiger Teil der Belehrung und Vertiefung im christlichen Glauben. Neben den spätantiken Türen in Sant'Ambrogio in Mailand und Santa Sabina in Rom ist jene in Köln das einzige erhaltene Beispiel aus der Romanik in ganz Europa. Zwei Marienfiguren und die figürliche Grabplatte der Gründerin Plektrudis führen den Betrachter weiter in die Bildwelt der Romanik ein.

Mit dem sogenannten Pestkreuz besitzt die Kapitolskirche eine der drastischsten Kreuzigungsdarstellungen des Mittelalters. 1304 geschnitzt wird an ihm das Leiden Christi in derart erschütternder Art und Weise vorge-

Oben: Vorbild für die Würfelkapitelle der Kapitolskirche waren jene des Speyerer Doms.

Der Blick durch das Querhaus verdeutlicht das zentralbauartige Architekturprinzip der Ostteile.

Um 1460 stiftete Sybilla Schlößgin diese Marienfigur und ließ sich daneben als andächtige Wohltäterin mit portraithaften Zügen darstellen.

führt, dass dieses Kreuz vielfach im Rheinland nachgeahmt wurde. Ein Kleinod besonderer Art ist die spätgotische Privatkapelle der Familie Hardenrath, die sich wie ihr Pendant, die der Hirtzkapelle, in eine Ecke des Dreikonchenchors schmiegt. Mit ihrem Sterngewölbe, dem qualitätsvollen Skulpturenschmuck und hervorragenden Glasmalereien ist sie die am vollständigsten erhaltene Vertreterin eines in Köln an Kirchen oder Patrizierpalästen weit verbreiteten Typus. Die vorgebaute Empore diente einst den Sängern der Hardenrath'schen Musikstiftung. Im Ostchor konnten jüngst die Stifterfiguren Johannes Hardenraths und Sybilla Schlößgins mitsamt ihren Schutzpatronen Maria und Christophorus wieder aufgestellt werden. Auch die spätgotischen Chorschranken, die teilweise rekonstruiert werden mussten, gaben beide in Auftrag. Da das Stifterpaar unmittelbar gegenüber der Dreikönigenpforte wohnte, erklärt sich ihre besondere Vorliebe für die Kapitolskirche.

Ein innerhalb Kölns einzigartig prachtvolles Monument großzügiger Stiftertätigkeit des städtischen Patriziats ist der 1525 aufgestellte, in Mecheln gearbeitete Lettner der Familien Hardenrath und Hackeney. Während die Reliefs und Figuren noch der Spätgotik verhaftet sind, weist die Architektur schon alle Züge der kommenden Renaissance auf. Den Zweiten Weltkrieg überstand der Lettner eingemauert an der Westwand des Mittelschiffs, wohin er in der Barockzeit übertragen worden war. Aus heutiger Sicht wäre er besser an dieser Stelle verblieben, denn durch seinen 1984 abgeschlossenen Wiederaufbau am Ostende des Mittelschiffs steht er auf der neuen Altarinsel heute zu hoch, als dass seine fein gearbeiteten Reliefs genau betrachtet werden können. Die voluminöse moderne Orgel, die der Lettner außerdem aufgelastet bekommen hat, trägt zusätzlich zur der fast vollständigen Trennung von Langhaus und Dreikonchenchor bei.

Weihnachtsszene und Stifterwappen sind am Renaissancelettner dargestellt, der den Materialwechsel bewusst als Gestaltungsmittel einsetzt.

Der in Mechelen geschaffene prunkvolle Lettner, der die neuartige Renaissancekunst in Köln einführte, war zugleich die letzte große Stiftung Kölner Patrizier für eine der romanischen Kirchen.

113

FARBENFROHES MITTELALTER
SANKT MARIA LYSKIRCHEN

Bauzeit: Chor um 1190–1200, Langhaus um 1220/30
Besonderheiten: doppeltürmige Chorfassade, vollständig erhaltene Gewöl-
beausmalung aus der Mitte des 13. Jahrhunderts, rekonstruierte farbige
Außenfassung
Ehemalige (und jetzige) Funktion: Pfarrkirche

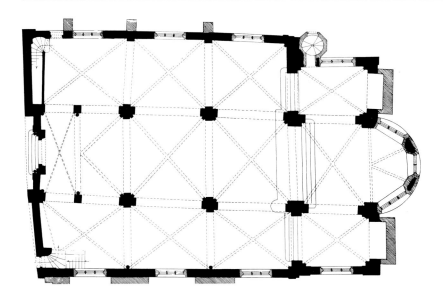

In der mittelalterlichen Kölner Rheinfront setzten nicht nur Großbauten wie Dom, Sankt Kunibert, Groß Sankt Martin und Sankt Severin die Akzente. Auch der einzigen erhaltenen romanischen Pfarrkirche der Stadt, Sankt Maria Lyskirchen, gelang es, sich zwischen diesen zu behaupten. Mit ihrem östlichen Turmpaar und der mit einer Zwerggalerie geschmückten Apsis überragte sie einst deutlich die unmittelbar vor dem Chor verlaufende Stadtmauer. Die zur Kirche geöffneten Kapellen im ersten Obergeschoss der Türme besaßen im Mittelalter nach Osten vorkragende Altarerker. Selbst die östlich vor der Apsis liegende Sakristei war mit einer solchen halbrunden Ausbuchtung zur Aufstellung eines Altars ausgestattet, die sogar die Stadtmauer durchbrach.

In der heutigen Ansicht der Rheinfront spielt Sankt Maria Lyskirchen keine große Rolle mehr. Die mehrspurige Rheinuferstraße und der Hafenbereich haben die Kirche gleichsam in die zweite Reihe treten lassen. Auch architektonisch wurde ihre Außenwirkung erheblich reduziert. Der südliche Turm ist entweder nie über die untere Hälfte hinausgekommen oder aber schon im Mittelalter auf diese Höhe abgetragen worden. Anlässlich des barocken Umbaus der Kirche

Als einzige unter den romanischen Kirchen
Kölns erhielt Sankt Maria Lyskirchen ihren
farbigen Außenputz zurück.

verschwand die Zwerggalerie der Apsis zugunsten großer, nachgotischer Fenster. An der Stelle von Stadtmauer und Sakristei erhebt sich das barocke Küsterhaus als trennender Riegel.

Während alle anderen romanischen Kirchen der Stadt ihre farbige Außenfassung verloren haben, konnte diese bei Sankt Maria Lyskirchen wieder rekonstruiert werden. Im Bereich des Nordturms blieben originale Putzreste durch das etwas später angefügte Langhaus erhalten. Daher geht die Kombination aus rosa Flächen und der grau gefassten architektonischen Gliederung auf die Erbauungszeit um 1200 zurück. Allerdings dürfte die Außenerscheinung durch begleitende Zickzackbänder und aufgemalte Quaderungen noch etwas reicher gewesen sein. Mangels weiterer Befunde wurde die Farbfassung der Chorfassade auch auf das spätere Langhaus übertragen.

Ausgrabungen brachten zutage, dass sich der heutige Kirchenbau über fast fünf Metern Kulturschutt erhebt, der sich an dieser Stelle seit der Römerzeit durch Abriss, Zerstörung, Planierung und Abfall abgelagert hatte. Außerhalb der römischen Stadtmauer entwickelte sich eine zum Rhein orientierte Vorstadt, in der in fränkischer Zeit ein gewisser Lysolf eine kleine Eigenkirche stiftete. Zur Unterscheidung von den anderen Marienkirchen Kölns blieb sein Name bis heute haften. Das im mittelalterlichen Köln eine bedeutende Rolle spielende Patriziergeschlecht der Lyskirchen benannte sich nach der Kirche, neben der sie ihr aufwendiges romanisches Wohnhaus besaßen. Nachdem mit der Erweiterung der Stadtmauer 1106 der Bereich um Sankt Maria Lyskirchen Teil der Innenstadt geworden war, ließen sich in unmittelbarer Umgebung der Kirche weitere bedeutende Geschlechter nieder. Diese waren es dann, die den

Für eine Pfarrkirche ist das romanische Portal ungewöhnlich aufwendig gestaltet, was sich durch die Großzügigkeit der um die Kirche wohnenden Patrizierfamilien erklärt.

Neubau Ende des 12. und Anfang des 13. Jahrhunderts mitsamt der Ausstattung finanzierten, was den für eine kleine Pfarrkirche ungewöhnlichen Aufwand erklärt. Den von der Empore zugänglichen Gewölberaum des südlichen Turms nutzten die reichen Handelsherren anfangs vermutlich als feuer- und einbruchssicheren Archiv- und Tresorraum. Seit 1067 war die Pfarrkirche dem nahen Georgsstift unterstellt.

Sowohl die Türme als auch der Chor stehen auf kellerartigen Unterbauten, die zusammen mit der Kirche errichtet wurden. Wirken sie zunächst wie ehemals offene Substruktionen zum Hochwasserschutz, so zeigte die Bauuntersuchung, dass zumindest der Mittelraum einst eine aus dem Mittelschiff zugängliche Krypta war. Erst in der Barockzeit wurde diese als liturgischer Raum aufgegeben und zum Keller degradiert. Der Vorgängerbau der Kirche, der 948 erstmals genannt wird, besaß sogar eine noch umfangreichere Unterkirche. Erklärbar ist dieser für eine Pfarrkirche ungewöhnliche Kultraum durch die mit ihm verbundene Verehrung des heiligen Maternus, dem ersten Bischof Kölns. Obwohl dieser erst im frühen 4. Jahrhundert wirkte, verband ihn die mittelalterliche Legende mit den beiden ersten Bischöfen Triers aus dem 2. Jahrhundert, mit denen er angeblich von Petrus persönlich an den Rhein gesandt worden war. Mit dem Stab Petri, den Erzbischof Bruno dem Kölner Domschatz einige Jahrhunderte später schenken sollte, war der auf dem Hinweg verstorbene Maternus angeblich wieder zum Leben erweckt worden, um seine Mission zu vollenden.

Die etwas schmachvolle Tatsache, dass ihr erster heiliger Bischof nicht in ihren Mauern, sondern in der Trierer Abtei Sankt Matthias begraben war, versuchten die Kölner mit einer abenteuerlichen Geschichte zu erklären. Demnach beanspruchten sowohl Trier als auch Köln den Leichnam des gerade verstorbenen Bischofs. Ein Gottesurteil sollte dem unwürdigen Streit ein Ende bereiten: Maternus wurde in einen führerlosen Kahn gelegt. Sollte dieser rheinabwärts treiben, wie es zu erwarten war, dann hätte er sein Grab in Köln finden müssen. Doch das Wunder geschah: Das Schifflein bewegte sich rheinaufwärts und landete in Rodenkirchen an der heutigen romanischen Kapelle Alt Sankt Maternus an. Im Mittelalter galt die Krypta in Sankt Maria Lyskirchen als Zelle des Heiligen, in der er angeblich aufgebahrt lag, bevor das Gottesurteil seinen Lauf nahm. Auf welche Art auch immer gelang es den Kölnern, sich den Daumen von Maternus zu sichern, sodass die Kirche immerhin eine kleine Reliquie zum Vorzeigen hatte. Die kryptenartigen Räume unter den Türmen von Sankt Maria Lyskirchen waren einst nur von außen zugänglich und damit kein Teil des Kultraums. Im Mittelalter mietete sie sogar die Stadt Köln an, um an dieser Stelle, unmittelbar hinter der Stadtmauer, Waffen zu lagern.

Einziger Schmuck der Westfassade, deren leichte Abknickung auf die vor ihr verlaufende Gasse Rücksicht nimmt, ist das Hauptportal. Auch wenn große Teile davon erneuert werden mussten, gehört es zu den eindrucksvollsten Beispielen seiner Art. Die ungewöhnlich qualitätsvolle Bildhauerkunst könnte auf Vorbilder von Kirchen am südwestfranzösischen und spanischen Jakobsweg zurückgehen, möglicherweise sogar geschaffen von wandernden Handwerkern aus dieser Region. Ebenfalls beeindruckend, wenn auch auf gegensätzliche Art, ist die Hochwassermarke von 1784 oberhalb der Tür. Damals führten sich aufstauende Eisschollen zu katastrophalen Überflutungen entlang des Rheins.

Nachfolgende Doppelseite: Der qualitätsvolle Bildhauerschmuck, der das Hauptportal auszeichnet, musste teilweise durch detailgetreue Kopien ersetzt werden.

Die modernen Fresken Peter Heckers erinnern daran, dass die spätgotische Marienfigur einst außen zum Rhein hin angebracht war.

Oben: Der mittelalterliche Taufstein besitzt fast expressionistische Formen.

Patrizier stifteten kostbare spätgotische Fenster, hier die heilige Helena.

In der Barockzeit wurde die romanische Apsis in nachgotischen Formen umgebaut und verlor dadurch ihre spätromanische Ausmalung.

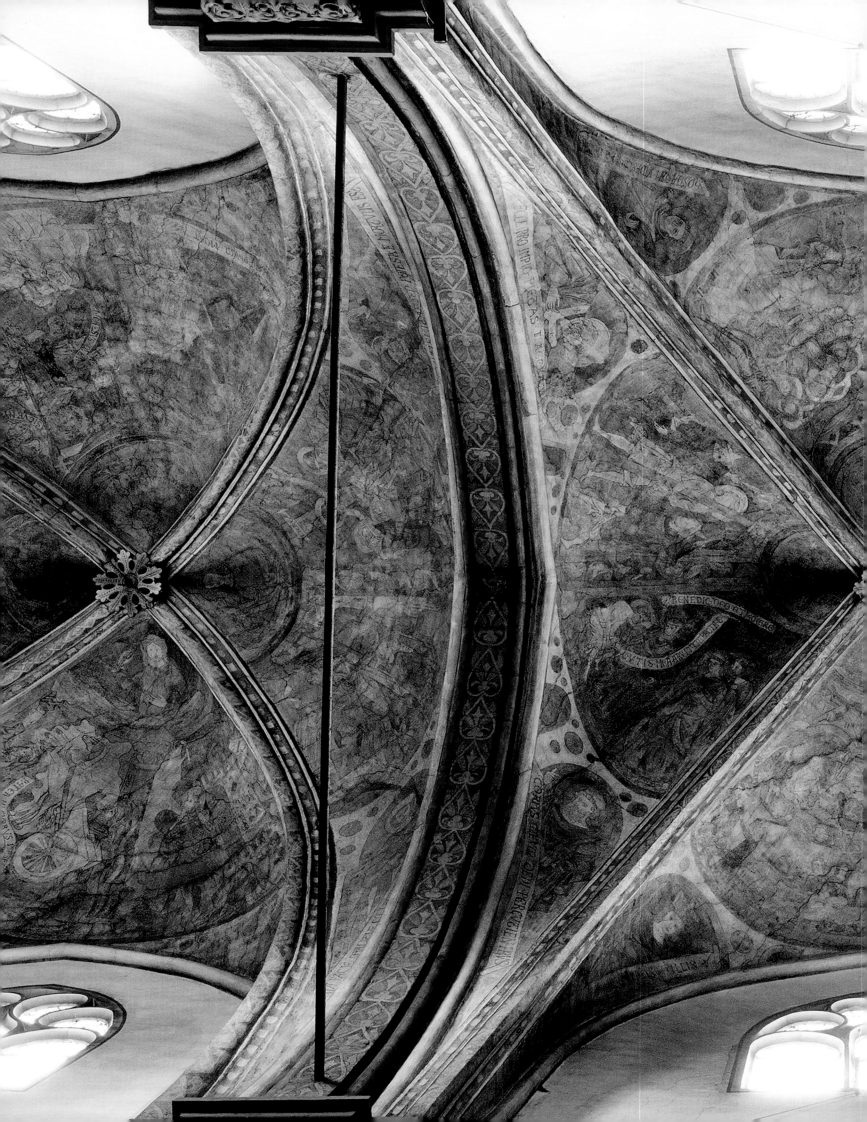

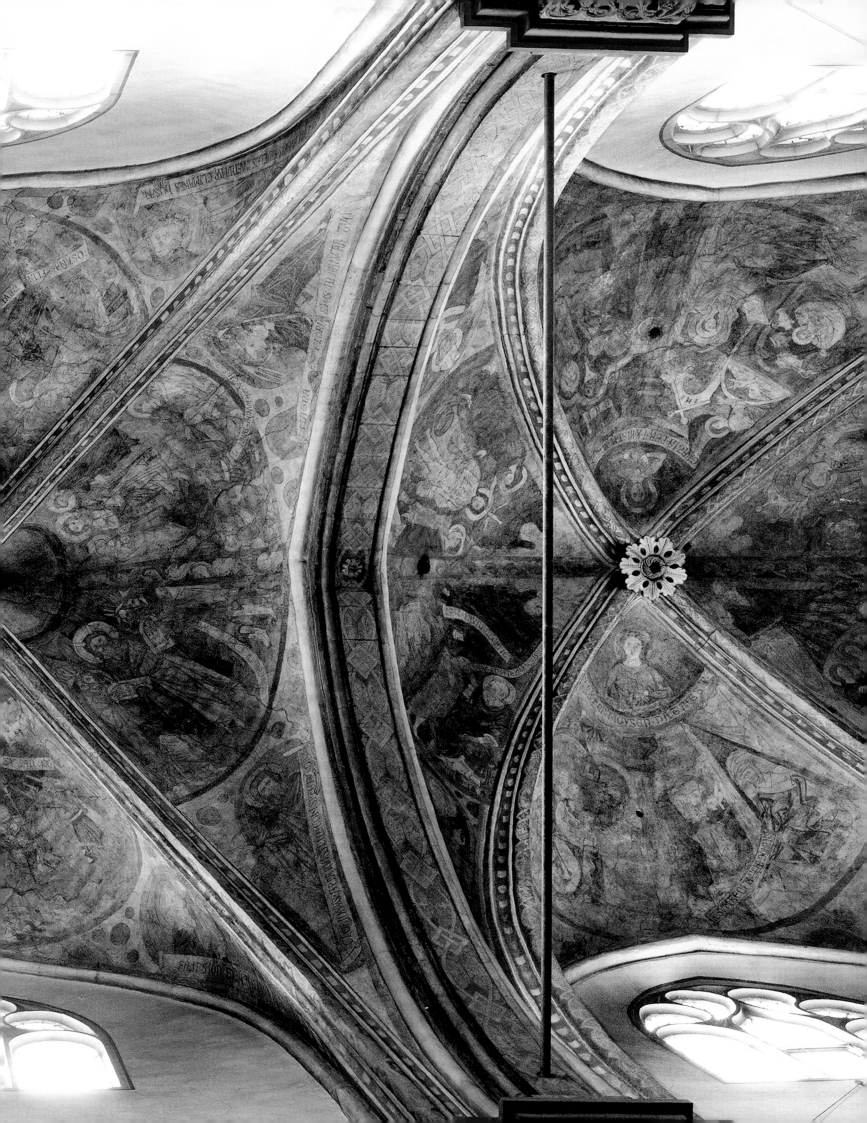

Der Innenraum wartet mit einer besonderen Überraschung auf. Da im Zweiten Weltkrieg nur die Dächer abbrannten, die Gewölbe aber nicht einstürzten, blieb ein einzigartiger Schatz erhalten: Alle drei Mittelschiffgewölbe besitzen noch die Ausmalung aus der Mitte des 13. Jahrhunderts. Die kuppelartig aufsteigenden Rippengewölbe sind vollständig mit einem typologischen Zyklus versehen, der passende Szenen des Alten und Neuen Testaments als Ankündigung und Erfüllung der Heilsgeschichte gegenüber stellt. Begleitet werden die Szenen von Heiligen und Propheten mit Spruchbändern in den Gewölbezwickeln. Die Fresken wurden 1879 bei der Restaurierung der Kirche unter vielen Übermalungen entdeckt und freigelegt. Seither sind sie mehrfach restauriert worden. Sie sind das einzige vollständig erhaltene Beispiel einer romanischen Gewölbeausmalung im Rheinland. Die Fresken an den Obergadenwänden sind dagegen verloren gegangen, wie auch die Ausmalung von Chorquadrat und Apsis. Letztere wurde bei der Barockisierung erhöht und mit nachgotischen Fenstern geöffnet. Immerhin finden sich an den Gewölben der Seitenkapellen noch die Darstellungen der Legenden der beiden Heiligen Nikolaus und Katharina sowie innen über dem Hauptportal die Anbetung der Könige. Wenn schon eine kleine Pfarrkirche derart aufwendig ausgemalt war, wie prachtvoll muss dann erst der verlorene Freskenschmuck der großen romanischen Kirchen Kölns gewesen sein?

Der Innenraum von Sankt Maria Lyskirchen ist als dreischiffige Emporenbasilika angelegt. In der Barockzeit brach man die romanischen Arkaden – mit Ausnahme jener Arkaden beiderseits der Orgelempore – aus und fügte schlichte Balustraden ein. Die ursprünglichen

Im östlichen Gewölbejoch ist die Geburt Christi dargestellt.

Vorangehende Doppelseite: In den Gewölbemalereien sind Szenen des Alten und Neuen Testaments typologisch gegenüber gestellt. Die kuppelartig aufsteigenden Gewölbe bildeten für die Maler eine besondere Herausforderung bei der Anlage der Szenen.

Kirchenfenster, die wie in Sankt Kunibert Fächerform hatten, mussten um 1520/30 spätgotischen Maßwerkfenstern weichen. Im Nordseitenschiff hat sich immerhin noch ein Teil der damals von Patriziern gestifteten Glasmalereien erhalten. Beachtenswert sind zudem die als besonderes Schmuckmotiv herabhängenden Schlusssteine der spätromanischen Gewölbe. Ebenso ist das Gewölbe unter der heutigen Orgelempore einen Blick wert – seine querrechteckige Gestalt weicht von den ansonsten immer auf quadratischem Grundriss aufgemauerten Gewölben ab und verweist schon auf gotische Gewölbebildungen.

In einer Nische unter der nördlichen Emporentreppe steht eine der lieblichsten Marienfiguren Kölns. Ursprünglich gehörte die um 1420 entstandene Figur der Zisterzienserinnenabtei Walberberg im Vorgebirge und kam erst nach der Säkularisation nach Sankt Maria Lyskirchen. Damals wurde sie in einer Außennische des Chors aufgestellt, damit die vorbeifahrenden Schiffer sie verehren konnten. Die Fresken Peter Heckers von 1930 erinnern daran. Mit den Faltenkaskaden ihres Gewands, dem typisch gotischen S-Schwung des Körpers und dem huldvollen Blick von Mutter und Kind auf den Betrachter gehört die Marienfigur zu den hervorragenden Beispielen des aus Böhmen kommenden Typs der Schönen Madonnen.

Die mit viel Glück der Kriegszerstörung entgangenen Gewölbefresken lassen ahnen, wie prachtvoll einst alle romanischen Kirchen Kölns ausgemalt waren.

RHEINISCHE ROMANIK IM HOCHFORMAT
GROSS SANKT MARTIN

Bauzeit: um 1150 – um 1230
Besonderheiten: Dreikonchenchor mit zweischaligem Wandaufbau, das Stadtbild beherrschender Vierungsturm, frühgotisches Langhaus, zugängliche Ausgrabung mit einzigartigen Funden
Ehemalige Funktion: Benediktinerabteikirche

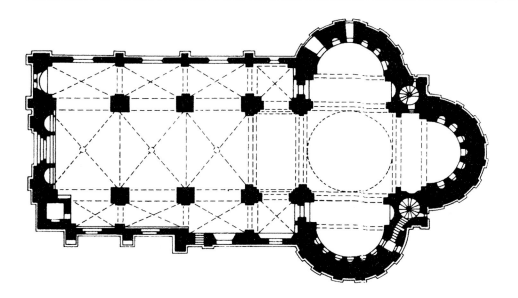

Inmitten der sogenannten Kölner Altstadt, genauer dem Martinsviertel, ist Groß Sankt Martin ein Ruhepol. Die moderne Wohnbebauung der Nordseite respektiert den Platz des einstigen Kreuzgangs und gibt der Kirche dadurch Raum und Halt. Die nach dem Zweiten Weltkrieg in ihren alten Proportionen rekonstruierten Giebelhäuser, die der Martinskirche östlich vorgelagert sind, verschaffen dem Dreikonchenchor mit seinem mächtigen Vierungsturm den richtigen Maßstab. Eine erst seit kurzem bestehende Nutzung der Kirche durch eine neue Ordensgemeinschaft kann als geglückt gelten, gibt sie dem Raum doch seine Spiritualität zurück.

Beim langwierigen Wiederaufbau der kriegszerstörten Kirche und ihrer unmittelbaren Umgebung machten Archäologen sensationelle Funde. Diese waren so bedeutend, dass man sich entschloss, sie wenigstens im Bereich unter dem Dreikonchenchor der Öffentlichkeit dauerhaft zugänglich zu machen. Außerhalb der Kirche opferte man sie, wie in Köln leider oftmals üblich, der modernen Tiefbebauung. Der als Unterkirche eingerichtete archäologische Bereich gibt zunächst den Blick frei auf die mächtigen Fundamente des romanischen Dreikonchenchors aus übereinander geschichteten Basaltsäulen, die mit dicken Mörtelschichten verbunden sind. Die Fundamente

Dreikonchenchor und Vierungsturm von
Groß Sankt Martin gehören zum Schönsten
und Überzeugendsten, was die europäische
Romanik geschaffen hat.

der Nordkonche stehen in den Resten eines großen römischen Schwimmbeckens aus dem 1. Jahrhundert, dessen sorgfältige rahmende Pflasterung nebst Kantensteinen außerordentlich gut erhalten ist. Schon Mitte des 2. Jahrhunderts gab man dieses Becken auf, erhöhte das hochwassergefährdete Gelände durch Aufschüttung und errichtete vier monumentale Speicherbauten rund um einen Innenhof. Die kleinste dieser Hallen wandelte Erzbischof Bruno von Köln im späten 10. Jahrhundert in eine Kirche um. Dies geschah mit geringem Aufwand, besaß der antike Raum durch zwei Pfeilerreihen schon die für eine Kirche übliche Dreischiffigkeit. Bis heute ruhen die Wände der Seitenschiffe auf den Außenmauern der römischen Speicherhalle, was jeder Besucher im Bereich der Zugangstreppe erkennen kann. Die von Bruno zur Betreuung der Martinskirche eingesetzten Kanoniker wurden bald durch Benediktinermönche abgelöst. Diese begannen kurz nach der Mitte des 12. Jahrhunderts einen Neubau ihrer vermutlich durch einen Stadtbrand zerstörten Kirche. Was in dieser Zeit entstand, gehört zu den großartigsten Leistungen der rheinischen Romanik. Umso überraschender ist die Tatsache, dass der Plan noch während der Bauarbeiten immer wieder abgeändert und in seinen Dimensionen gesteigert wurde. Was auf den ersten Blick als harmonisches Ganzes erscheint, ist also die Folge ständiger Planwechsel.

Zunächst entschlossen sich die Mönche, den Dreikonchenchor von Sankt Maria im Kapitol zum Vorbild zu wählen, obwohl dieser bereits ein Jahrhundert zuvor entstanden war. Mit dem Verzicht auf den säulengestützten Umgang der Kapitolskirche trugen sie nicht nur dem eingeengten Bauplatz Rechnung, sondern gaben dem Ostchor der Martinskirche von vorn-

Während Dreikonchenchor und Vierungsturm ungemein aufwendig verziert wurden, verblieb das Langhaus ungewöhnlich schlicht.

Vorangehende Doppelseite: Die Romanik von Groß Sankt Martin kontrastiert mit der Gotik des Domes.

Im zugänglichen Ausgrabungsareal findet sich zwischen den Kirchenfundamenten dieser Pfeiler der römischen Speicherhalle, der anlässlich der Kirchennutzung umgearbeitet wurde.

Die Mittelschiffgliederung folgt schon den neuen Formen der nordfranzösischen Frühgotik.

herein eine straffere Gestalt. Die säulenverzierte Nischenreihe der Innengliederung geht wohl auf römische Vorbilder zurück. Ein neuer Baumeister verwirklichte beim Aufsetzen des Obergeschosses am Dreikonchenchor einen genialen neuen Baugedanken. Zunächst steigerte er die Proportionen im Verhältnis zum Unterbau beträchtlich in die Höhe. Den Wandaufbau legte er zweischalig an, was der Mauermasse eine ungewöhnliche Leichtigkeit und Dynamik verleiht. Fast scheint es so, als würden die zerbrechlich schlanken Säulen die schweren Apsisgewölbe tragen, während die eigentliche Wand nur als Fensterband wahrgenommen wird. Die bewusst überlängten Proportionen der Säulen erhalten durch den Übergang von hohen, quadratischen Sockeln über eine Achteck- zur Rundform eine besondere Spannung. Die Hängekuppel über der Vierung greift dieses Motiv der nach oben strebenden Leichtigkeit auf.

Ist die innere Gestaltung des Dreikonchenchors schon von besonderer Raffinesse, so kann jene des Außenbaus als überwältigend bezeichnet werden. Die drei Apsiden sind völlig gleich mit einer doppelten Blendenreihe und einer Zwerggalerie mit Plattenfries verziert. Diese Gliederung läuft auch um die beiden östlichen Ecktürme. Besaß der Vorgängerbau der Martinskirche noch eine westliche Dreiturmfassade als Abschluss des Langhauses, entschloss sich der Baumeister des Neubaus, diese zugunsten eines monumentalen Vierungsturms aufzugeben. Die Kanten des mächtigen quadratischen Turms sind mit vier schlanken, achteckigen Ecktürmchen bereichert. Während die östlichen Türmchen schon vom Boden an aufwachsen und daher von Anfang an vorgesehen waren, entstanden die westlichen Türmchen erst nach einer Plan-

änderung. Der Baumeister vermauerte die Emporen des gerade erst errichteten östlichen Langhausjochs und errichtete die Türmchen auf deren Gewölbe in statischer Unbekümmertheit.

Der erst nachträglich geplante Vierungsturm verleiht dem Außenbau des Dreikonchenchors einen mehr als prachtvollen Abschluss und erscheint so als geniale Weiterentwicklung dieser zentralbauartigen Architektur. Hohe Giebel, die als ungewöhnlichen Schmuck Blenden in Form von großen Radfenstern besitzen, leiten über zum Vierungsturm. Dort wird das prägende Baumotiv der Apsiden, eine Zwerggalerie mit Plattenfries, erneut aufgegriffen. Um 1200 dürfte der Vierungsturm vollendet gewesen sein. Nur zwei Jahrzehnte später entschlossen sich die Mönche, ihren Turm um ein weiteres, noch höheres Geschoss aufzustocken. Um die neuen Mauern tragen zu können, musste die Zwerggalerie vermauert werden. Die Seitentürmchen wurden nun beträchtlich über das neue Geschoss hinaus erhöht. Durch das Aufgreifen von Motiven der zugemauerten Zwerggalerie sorgen die Seitentürmchen trotz des Planwechsels für ein homogenes Gesamtbild. Ursprünglich besaß der Vierungsturm als Abschluss reich verzierte Giebel, die aber im Mittelalter herabstürzten und nicht mehr erneuert wurden.

Mit der Aufstockung machten die Mönche ihren Turm zum beherrschenden Element der mittelalterlichen Kölner Rheinfront, bis der gotische Domneubau noch gewaltigere Akzente setzte. Wer den Dreikonchenchor hinaufblickt, erkennt, dass durch die zunächst so willkürlich erscheinende Erhöhung des Vierungsturms der gesamte Dreikonchenchor eine ungeheure Dynamik gewinnt. Stellt man sich die ursprüngliche Turmlösung bis zur

Der Dreikonchenchor variiert höchst eindrucksvoll das Prinzip der doppelschaligen Wandgestaltung.

Nachfolgende Doppelseite: Unterer und oberer Bereich des Dreikonchenchores gehören zwei verschiedenen Bauphasen an, die sich aber auf das Glücklichste ergänzen.

133

Die ungemein dünnen Säulen im Obergeschoss des Dreikonchenchores scheinen die ganze Last des Steingewölbes zu tragen.

heute vermauerten Zwerggalerie vor, wird ersichtlich, dass der Dreikonchenchor mit diesem ersten Abschluss viel behäbiger gewirkt hätte. Nicht nur durch die Kombination eines Dreikonchenchors mit einem Vierungsturm, sondern auch durch die Pracht der Außengliederung und die nachträglich so wirkungsvoll gestreckten Proportionen entstand einer der schönsten Türme der europäischen Romanik. In seiner einstigen Farbfassung und dem strahlenden Putzüberzug muss er den mittelalterlichen Menschen tatsächlich wie ein Abbild der ersehnten Himmelsstadt erschienen sein. Zusammen mit der Turmaufstockung entschlossen sich die Benediktiner um 1230, nun auch das Langhaus der Kirche zu vollenden. Allerdings gaben sie den am östlichen Joch erkennbaren Plan einer romanischen Emporenkirche auf. Stattdessen beauftragten sie einen deutlich an nordfranzösischen Kirchen der Frühgotik geschulten Baumeister mit der Verwirklichung eines neuen Konzepts. Während er die Arkaden zu den Seitenschiffen noch in Angleichung an die Ostteile rundbogig gestaltete, ist der Obergaden des Mittelschiffs mit Dienstbündeln auf Laubkonsolen, spitzbogigem Triforium und Rippengewölbe eindeutig einer neuen Stilrichtung verpflichtet. Auch an dieser Stelle ließen die Mönche die Höhenverhältnisse nochmals etwas steigern. Großartig ist die Gestaltung der inneren Westwand, da sie die wesentlichen Elemente des Dreikonchenchors (Nischen unten, zweischaliger Wandaufbau oben) aufgreift, aber zu einer frühgotischen Architektur hin transformiert. Die Westwand der Martinskirche griffen die Heisterbacher Zisterzienser bei ihrer 1237 vollendeten Kirche auf. Auch in den zeitgleich errichteten Damenstiftskirchen von Neuss und Gerresheim fand die Kölner Lösung Nachahmung, auch wenn die besondere Eleganz des Vorbilds nicht erreicht wurde.

Von der mittelalterlichen Ausstattung blieb fast nichts erhalten. Hier die spätgotische Kreuzigungsgruppe mit dem romanischen Taufstein.

Das frühgotische Mittelschiff greift die doppelschalige Wandstruktur des romanischen Dreikonchenchores auf, sodass der Kirchenraum trotz des Formenwechsels als Einheit erscheint.

Nach den Zerstörungen des Zweiten Weltkriegs wurde die vor dem Hauptportal befindliche Vorhalle nicht wieder errichtet. Deutlich niedriger und dunkler sorgte sie einst beim anschließenden Betreten des hochragenden Kirchenschiffs für einen umso deutlicheren Überraschungseffekt. Von der ehemals sicherlich reichen romanischen Kirchenausstattung blieb bis auf den geringen Rest eines figürlichen Mosaikfußbodens im südlichen Seitenschiff nichts erhalten. Völlig singulär ist der achteckige Taufstein aus Kalkstein, der vermutlich ein in romanischer Zeit überarbeitetes römisches Architekturglied ist. Der heutigen Raumwirkung abträglich ist die inkonsequente Entscheidung der Denkmalpflege, beim Wiederaufbau die Ausmalungsreste des 19. Jahrhunderts zu erhalten. In ihrem verwaschenen, rudimentären Zustand lassen sie das großartige Ausmalungskonzept des Historismus nirgendwo erkennen, das den Innenraum bis zum Zweiten Weltkrieg entscheidend prägte. Doch zu einer Rekonstruktion konnte man sich aufgrund der latenten Abwertung neuromanischer Raumfassungen nicht durchringen. So erscheint der Innenraum von Groß Sankt Martin trotz seiner eindrucksvollen Architektur in einem letztlich unbefriedigenden Rohbauzustand.

Oben: Der achteckige Taufstein ist möglicherweise ein in der Romanik überarbeitetes römisches Architekturglied.

Ein einziges romanisches Kapitell zeigt mit dem unbekannten Herrscherpaar eine besondere Verzierung.

Längs- und Zentralbau verbinden sich in Groß Sankt Martin auf beeindruckende Weise.

VERMÄCHTNIS EINER KAISERIN
SANKT PANTALEON

Bauzeit: 957–980, Westwerk Ende 10. Jahrhundert, Seitenschiffe um 1170, Neubau Chor und Obergadenwände 1619–22

Besonderheiten: einzigartiges Zeugnis ottonischer Baukunst (Mittelschiff, Westwerk und Kapitelsaalarkaden), spätromanische Schatzkammer, zwei romanische Reliquienschreine, spätgotischer Lettner

Ehemalige Funktion: Benediktinerabteikirche

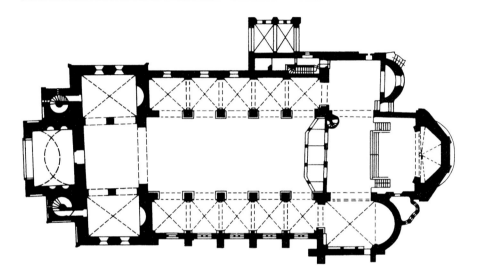

Wer vom städtebaulichen Tiefpunkt Kölns, dem Barbarossaplatz, die Pantaleonskirche ansteuert, glaubt sich in eine andere Welt versetzt. Alte Mauern grenzen den ehemaligen Abteibezirk noch ganz im mittelalterlichen Sinn von der Umgebung ab und schaffen so eine in der Innenstadt ungewöhnlich großzügige Zone der Ruhe. Ein Tor gewährt Einlass und gibt den Blick frei auf den bedeutendsten Bauteil Sankt Pantaleons, das Westwerk. Nach den schweren Zerstörungen des Zweiten Weltkriegs entschloss man sich, die Kirche wieder in der alten Form zu rekonstruieren, aber das Areal der einstigen Klostergebäude auf der Nordseite modern zu bebauen. Doch bewahrte man den Maßstab und schuf mit dem weiten Innenhof eine Erinnerung an den dort ehemals befindlichen Kreuzgang. Ansonsten verzichtete man auf weitere Gebäude zugunsten von Grünflächen, um das überkommene Areal der Klosterimmunität in seiner Geschlossenheit zu bewahren. Dass die Pantaleonskirche nach Auflösung und Enteignung der Benediktinerabtei durch die Säkularisation 1802 überhaupt erhalten blieb, verdankte sie ihrer neuen Nutzung als preußische Garnisonskirche ab 1819. Erst seit knapp einem Jahrhundert dient sie als katholische Pfarrkirche.

Das Westwerk aus dem späten 10. Jahrhundert
lässt bis heute den Anspruch der kaiserlichen
Stifterin erkennen.

Ursprünglich schloss sich an das Westwerk nur ein einschiffiges Langhaus an, das erst im 12. Jahrhundert durch Seitenschiffe erweitert wurde.

Sankt Pantaleon ist eng mit zwei der bedeutendsten Gestalten des deutschen Mittelalters verbunden, die beide Mitglieder des ottonischen Herrscherhauses waren und in dem Kirchenbau ihre Grabstätte fanden: Erzbischof Bruno von Köln und Kaiserin Theophanu. Erzbischof Bruno von Köln (Amtszeit 953–965) war der jüngere Bruder Kaiser Ottos I. und einer der wichtigsten Stützen seiner Politik. Daher vertraute ihm der Herrscher zugleich das Herzogtum Lothringen an. Während der langjährigen Italienaufenthalte des Kaisers regierte Bruno stellvertretend den Reichsteil nördlich der Alpen. Auch für Köln leistete der Erzbischof Hervorragendes. So besorgte er für den Dom mit Stab und Ketten Petri erstrangige Reliquien. In Anlehnung an die konstantinische Petersbasilika in Rom ließ er den Kölner Dom ebenfalls zur fünfschiffigen

Kaiserin Theophanu ließ die Emporen nach Vorbildern ihrer byzantinischen Heimat gestalten. Sie dienten einem Nonnenkonvent als Gebetsraum, der das Seelenheil der Stifterin sichern sollte.

Kirche erweitern. Weiterhin gründete er im Schatten der Kathedrale mit Sankt Andreas und Groß Sankt Martin zwei Stifte und förderte die bereits bestehenden geistlichen Gemeinschaften der Stadt. Am engsten ist bis heute Sankt Pantaleon mit ihm verbunden. An der Stelle der heutigen Pantaleonskirche gründete er 957 unmittelbar vor der römischen Stadtmauer eine Benediktinerabtei, die einen Gründungskonvent mit Reformmönchen aus Sankt Maximin in Trier erhielt.

Die Kirche, die er den Benediktinern erbaute, ist bis heute im Mittelschiff erhalten. Auch nach seinem Tod 965 konnte dank seiner testamentarischen Zuwendungen zügig weitergebaut werden, sodass alles 980 vollendet war. Bruno ließ einen großzügigen Saalbau mit Flachdecke, niedrigeren Querarmen und halbrunder Ostapsis planen. Dessen unmittelalterlich weite Raumverhältnisse sowie die mit Rundbögen verbundenen Wandvorlagen verweisen auf das ungewöhnliche Vorbild spätantiker Thronsäle. Ein Vergleich mit der bis heute erhaltenen Trierer Palastaula Konstantins des Großen macht dies deutlich. Dieser merkwürdige Bezug zu einem weltlichen Bau erklärt sich aus der Erneuerung des römischen Kaisertums durch Otto I. mit dessen Kaiserkrönung 962. Eine Parallele zu Sankt Pantaleon findet sich nur noch in der Kirche des Soester Patroklistifts, ebenfalls eine Gründung Brunos. Auch dort blieben im ungewöhnlich weiten Mittelschiff die Mauern des einschiffigen Kirchensaals aus dem späten 10. Jahrhundert erhalten.

Das beeindruckende Baukonzept Brunos für Sankt Pantaleon wurde später einschneidend verändert. So ließen die Mönche ihre Kirche um 1170 durch Anfügung zweier gewölbter Seitenschiffe zur dreischiffigen Basilika erweitern. Hierfür mussten die unteren Wände mit Pfeilern und Arkaden durchbrochen werden, die mit Trachytquadern verkleidet wurden. Der schmerzlichste Eingriff erfolgte erst 1619–22. In Anlehnung an die Kölner Jesuitenkirche riss deren Architekt Christoph Wamser auf Wunsch des Abts die Apsis des 10. Jahrhunderts nieder und errichtete einen neuen Chor in bewusst rückwärts gewandten spätgotischen Formen. Damals trug er auch den ottonischen Obergaden des Mittelschiffs ab und mauerte ihn neu in spätgotischen Formen auf, damit er das nun eingezogene Rippengewölbe tragen konnte. Auf letzteres verzichtete man beim Wiederaufbau nach dem Zweiten Weltkrieg zugunsten einer Kassettendecke. Dem heutigen Besucher verraten nur noch die im Putz angedeuteten Lisenen im Mittelschiff und dessen ungewöhnliche Weite, dass er sich in einem Kirchenraum der zweiten Hälfte des 10. Jahrhunderts befindet.

Der südliche Querarm wurde in frühgotischer Zeit umgebaut und diente der Bestattung von Gönnern der Abtei.

Kaiserin Theophanu ließ sich 991 in der Mitte des Westwerks bestatten. Heute ruhen ihre Gebeine in einem modernen Sarkophag in einer Seitenkapelle des Westbaus.

Nachfolgende Doppelseite: Das Gewölbe der ehemaligen Schatzkammer ist trotz der quadratischen Raumform als Neuneck angelegt.

Das Westwerk blieb weitaus besser in seiner ursprünglichen Form erhalten. Keine geringere als Kaiserin Theophanu ließ es errichten. Als Nichte des byzantinischen Kaisers musste sie 972 Kaiser Otto II. heiraten, um dem erneuerten weströmischen Kaisertum die oströmische Anerkennung zu sichern. Nach dem frühen Tod ihres Manns 983 führte sie zusammen mit ihrer Schwiegermutter Kaiserin Adelheid erfolgreich die Regentschaft des Reichs für ihren unmündigen Sohn Otto III. Theophanu fühlte sich der einem oströmischen Märtyrer geweihten Kölner Pantaleonskirche besonders verbunden. Vermutlich nach einer schweren Erkrankung, die sie bei einem langen Winteraufenthalt 988/89 in Köln halbwegs auskurierte, fasste sie den Plan, in Sankt Pantaleon ihre Grablege vorzubereiten. Hierfür ließ sie das heute noch fast vollständig erhaltene Westwerk in monumentaler Form erbauen, das den kaiserlichen Rang der Stifterin eindrucksvoll verdeutlicht. Drei Flügel, die den Kirchensaal nach Westen kreuzförmig erweitern, treffen sich im hohen, turmbekrönten Mittelraum. Zu diesem öffnen sich im Obergeschoss die Arkaden großer Emporen. Nicht von ungefähr erinnern sie an Frauenemporen byzantinischer Kirchen. Tatsächlich hielt an dieser Stelle ein Nonnenkonvent sein Stundengebet ab, den Theophanu zur Absicherung ihres Seelenheils an die Benediktinerabtei angeschlossen hatte. Erst im 12. Jahrhundert quartierten die Mönche ihre Mitschwestern nach Königsdorf und Sankt Mauritius in Köln in eigenständige Klöster aus. Bis dahin beteten sie gemeinsam für ihre Stifterin Theophanu, die ihr Grab 991 unmittelbar im Mittelraum hinter dem Eingangsportal gefunden hatte. Die Eintretenden mussten notgedrungen über die Grabplatte der Kaiserin gehen, was sie als bewussten Bescheidenheitsgestus so bestimmt hatte. Heute ruhen ihre Gebeine im 1965 von Sepp Hürten geschaffenen modernen Sarkophag aus griechischem Marmor in der Seitenkapelle des Westwerks.

Theophanu verließ sich für ihr Seelenheil nicht allein auf das Gebet der Mönche und Nonnen. Bei ihrem letzten Romaufenthalt im Winter 989/90 ließ sie sich vom Papst die Gebeine des Märtyrers Albinus schenken, die sie auf ihrem Grabaltar aufstellte. So sicherte sie sich der mittelalterlichen Vorstellung nach am Tag des Jüngsten Gerichts und ihrer leiblichen Auferstehung die exklusive Hilfe eines Heiligen, der sie sicher in die ersehnte Himmelsstadt führen sollte. Mit Ausnahme seiner eingeschmolzenen figürlichen Teile ist der Albinusschrein in seiner prachtvollen spätromanischen Form aus dem Ende des 12. Jahrhunderts bis heute erhalten. Er entstand in der gleichen Werkstatt wie der Siegburger Annoschrein. Zusammen mit dem etwas älteren Maurinusschrein, der mit großartigen Engelsdarstellungen in Email geschmückt ist, bildet er in der Pantaleonskirche ein einmaliges Ensemble zweier Spitzenwerke Kölner Goldschmiedekunst der Romanik.

Das Äußere des Westwerks erhielt seine ursprüngliche Gestalt durch eine umfangreiche Rekonstruktion Ende des 19. Jahrhunderts zurück. In der Barockzeit war der Mittelturm in neuer Form errichtet, die Obergeschosse der Seitentürme aber abgerissen worden. Zugleich verschwanden West- und Südarm. Der Wiederaufbau der Neuromanik hielt sich mit Ausnahme des nur in der halben Länge errichteten Westarms penibel an die durch Zeichnungen überlieferte Gestalt. Allerdings verzichtete man auf die Wiederherstellung des Skulpturenprogramms der Außenseite. Theophanu ließ einst die Fassade mit Steinfiguren Christi, der beiden Hausheiligen Pantaleon

und Albinus sowie zweier Engel schmücken. Damit übertrug sie gleichsam eine antike Triumphbogenarchitektur auf einen christlichen Kultbau. Die heute auf der Empore aufbewahrten Fragmente des Figurenschmucks gehören zu den ältesten Zeugnissen mittelalterlicher Bildhauerkunst in Deutschland. Deutlich orientieren sie sich an provinzialrömischen Vorbildern, wie sie der damalige Bildhauer an antiken Grabbauten noch vielfach gesehen haben dürfte. Das Westwerk Sankt Pantaleons fand im 11. Jahrhundert in der Stiftskirche von Bad Münstereifel einen bis heute erhaltenen Nachbau.

Blickfang im Innern der Pantaleonskirche ist der von Abt Johannes Lüninck 1502/03 finanzierte spätgotische Hallenlettner, der zu den prachtvollsten seiner Art gehört. Stolz ließ der Abt sein Wappen zu Füßen der Gottesmutter anbringen, um die Nachwelt an den Stifter dieses aufwendigen Werks zu erinnern. Bei der barocken Neuausstattung ihrer Klosterkirche hatten die Mönche Skrupel, den nicht mehr benötigten Lettner vollständig zu zerstören. So versetzten sie ihn stattdessen mit seiner Schaufront vor den zugemauerten Bogen zum Westwerk, wo er nun als Orgelempore diente. Dank seiner schützenden Einmauerung entging der Lettner der Zerstörung im Zweiten Weltkrieg und konnte 1957 wieder vor den Chor zurückversetzt werden. Die fehlenden Gewölbe und die nicht mehr existierende Rückwand mussten allerdings durch modernes Mauerwerk ersetzt werden. Das Figurenprogramm des Mittelteils zeigt seitlich der Gottesmutter Albinus als Ritter und Pantaleon als Arzt. Der Ordensgründer Benedikt und der legendäre Abt Maurinus tragen die spätmittelalterliche Variante der Ordenstracht. Ihre Konsolen sind mit Büsten des Erzbischofs Bruno und der Kaiserin Theophanu geschmückt. Der gesamte Aufbau der Lettnerschauseite aus Stein erscheint dank der vielfältigen Maßwerkverzierungen ungemein grazil. Diesen Eindruck dürfte die einst vorhandene Farbfassung sicherlich noch verstärkt haben.

Im Chor findet sich das letzte erhaltene Beispiel einer Barockausstattung in einer romanischen Kirche Kölns, die sogar noch Glasmalereien des frühen 17. Jahrhunderts umfasst. Als Sankt Pantaleon 1922 erneut katholische Pfarrkirche wurde, maß man dem Barock wieder einen Kunstwert zu, den ihm der Historismus versagt hatte. Wohltuend ist die moderne Farbfassung der Flachdecken im Mittelschiff und Westwerk sowie an der ergänzten Rückwand des Lettners aus dem Jahr 1965, die sich dem Raum unterordnet.

Selbst eilige Besucher sollten nach Verlassen der Kirche durch den erhaltenen spätgotischen Torbau den modern überbauten ehemaligen Klausurbereich auf der Nordseite betreten. Von dieser Stelle aus bietet sich ein umfassender Blick auf die Gesamtanlage der Kirche. Über zwei erhaltenen Jochen des spätromanischen Kreuzgangs erhebt sich als seltenes Beispiel ihrer Art die um 1220 errichtete Schatzkammer, vergleichbar mit jener an Sankt Andreas. Wie dort war die Lage im Obergeschoss nicht nur dem Sicherheitsbedürfnis geschuldet. Vielmehr kam dem damaligen Glauben nach das Heil der Reliquien auf die darunter hindurch schreitenden Mönche herab. Wenn Datierung und Deutung stimmen, dann gehören die stämmigen Arkaden am modernen Ostflügel im einstigen Kreuzgangbereich noch dem 10. Jahrhundert an. Sie wären damit das älteste erhaltene Beispiel für eine Kapitelsaalarchitektur in Deutschland.

*Die spätromanische Schatzkammer wurde über
dem Kreuzgang erbaut, von dem so zwei Joche
erhalten blieben.*

VEEDELSKIRCHE MIT VERGANGENHEIT
SANKT SEVERIN

Bauzeit: Weihe Langchor und Krypta 1043, Weihe Chor- und Kryptaerwei-
terung 1237, spätgotischer Umbau und Einwölbung des romanischen
Langhauses ab 1479, Westturm 1393/94–1533
Besonderheiten: mit Führung zugängliche Ausgrabung der Vorgängerbauten,
Confessio des 10. Jahrhunderts in der Krypta, umfangreich erhaltene Chor-
ausstattung
Ehemalige Funktion: Kanonikerstiftskirche

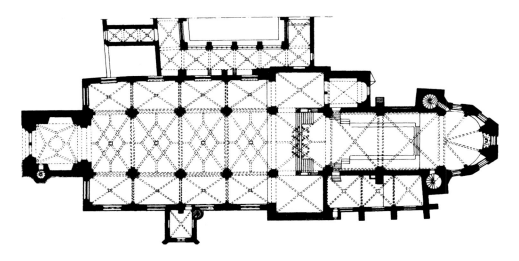

Im Gegensatz zu den übrigen, mittlerweile doch etwas musealen romanischen Kirchen Kölns
ist die Severinskirche bis heute lebendiger Teil des nach ihr benannten Veedels geblieben. Im
Mittelalter war, mit Ausnahme der Severinstraße, das Areal zum Rhein hin nicht bebaut. Damals
bildete der dreitürmige Bau den südlichen Schlussakkord der Kölner Stadtsilhouette, gleichsam
ein Pendant zur Kunibertskirche im Norden. Erst seit Köln ab 1815 zu Preußen gehörte und
nachfolgend zur rheinischen Metropole ausgebaut wurde, verschwand Sankt Severin durch vorgelagerte Industrie-, Wohn- und Hafenbauten aus der rheinseitigen Stadtansicht.

Wer auf das Hauptportal der Kirche zugeht, erblickt mit dem gotischen Westturm zunächst
den jüngsten Bauteil und vermutet keinen Ursprung in der Spätantike. Der kerzengerade Verlauf
der Severinstraße in direkter Verlängerung der Hohe Straße geht unmittelbar auf die römische
Trasse nach Bonn zurück. Beiderseits erstreckte sich das riesige südliche Gräberfeld der antiken
Colonia. Das berühmte Poblicius-Grabmal im Römisch-Germanischen Museum zeigt, wie aufwendig die Gräber teilweise gestaltet waren. Seit 1956 ist das Ausgrabungsareal unterhalb des
Langhauses der Severinskirche im Rahmen von Führungen zugänglich. Wie in einer Zeitreise

Aus romanischer Zeit stammt nur der Chor der
Severinskirche, während Langhaus und Turm
schon der Gotik angehören.

bietet es einen faszinierenden Einblick in das dicht belegte antike Gräberfeld und die Vorgängerbauten der Kirche. Ende des 4. Jahrhunderts entstand an ihrer Stelle ein kapellenartiger Bau, dessen Apsis nach Westen ausgerichtet war. Er bestimmte Lage und Breite des Mittelschiffs aller späteren Kirchenbauten. Die Legende verbindet ihn mit einem Kirchenbau des Kölner Bischofs Severin, den dieser den Heiligen Kornelius und Cyprianus geweiht hatte. In ihm soll Severin begraben und schon bald selbst als Heiliger verehrt worden sein.

In fränkischer Zeit wurde die Kapelle mehrfach erweitert und nahm immer mehr Bestattungen auf, einige davon mit reichen Beigaben. Als erzbischöfliche Gründung entstand in karolingischer Zeit am Grab des heiligen Severin ein Kanonikerstift, das einen dreischiffigen Neubau mit Westchor in Angriff nahm. Dessen

Im frühen 13. Jahrhundert wurde die Krypta des 11. Jahrhunderts nach Osten verlängert und ausgemalt.

Mauern bestanden aus mit Schutt aufgefüllten Sarkophagen des Gräberfelds, wie im Ausgrabungsareal eindrucksvoll zu sehen ist. Die Pfeilerbasilika des 10. Jahrhunderts besaß schon die Breite des heutigen Langhauses. Im Gegensatz zu den Vorgängerbauten ließen die Stiftsherren ihre neue Kirche jetzt nach Osten ausrichten. Ihr kultisches Zentrum, das der allgemeinen Verehrung zugänglich gemachte Grabgewölbe (Confessio) des heiligen Severin, blieb bis heute im Westen der Krypta erhalten. Es ist eine der seltenen noch existierenden Anlagen dieses Typs aus ottonischer Zeit: Drei stollenartige Gänge ermöglichten den Pilgern, das mittlere Gewölbe mit dem Sarkophag des heiligen Bischofs verehrend zu umrunden. Zwei Öffnungen im Gewölbe ließen die Aura des Heiligen gleichsam hinauf in den Chor der Stiftsherren aufsteigen. Auch eine akustische Verbindung für Wechselgesänge mit den Geistlichen am darüber liegenden Kreuzaltar war so möglich. Im östlichen Teil der Krypta findet sich eine weitere Öffnung dieser Art.

Spätgotische Gewölbe verraten die späte Entstehungszeit des Langhauses der Severinskirche.

Ein gotischer Reliquienschrank befindet sich im Chor.

Nachfolgende Doppelseite: Diese Idylle im rekonstruierten gotischen Kreuzgang ist der Öffentlichkeit leider nicht zugänglich.

Die 1043 geweihte dreischiffige Hallenkrypta erweiterte zusammen mit dem über ihr befindlichen Langchor der Kanoniker die Stiftskirche beträchtlich nach Osten. Diese Kombination aus Krypta und Langchor ahmten einige weitere Stifte wie Sankt Gereon und Sankt Andreas in Köln sowie Sankt Cassius und Florentius in Bonn umgehend nach. Zum Ende des spätromanischen Baubooms in Köln gaben auch die Kanoniker von Sankt Severin ihrer Kirche ein neues Gesicht, indem sie den bisher flach gedeckten Langchor einwölben und bis 1237 nochmals nach Osten erweitern ließen. In der Krypta ist diese Erweiterung durch den Wechsel von recht- zu achteckigen Pfeilern ablesbar. Die Ausnischung der Wände sowie die Verwendung von Zierrippen an den Gewölben sind weitere Neuerungen. Gerade im Ostteil der Krypta haben sich umfangreiche Reste der spätromanischen Ausmalung erhalten. Diese letzte Chorerweiterung veränderte

Zwei in kurioser Kopfform gestaltete Knäufe am Chorgestühl aus Eichenholz.

das Äußere erheblich, indem sie zwei Seitentürme hinzufügte. Spätestens nachdem diese in der Gotik ein weiteres Geschoss mit Maßwerkbalustrade und spitzen Helmen erhalten hatten, wurden sie zu einem markanten Punkt der Kölner Stadtsilhouette. Im Gegensatz zu den übrigen romanischen Kirchen der Stadt gaben die Kanoniker dem neuen Chorabschluss nicht die übliche halbrunde Form, sondern zumindest außen eine mehreckige Gestalt. Diese weist schon auf spätere gotische Chöre hin. Im Innern gibt sich der Chor weitaus traditioneller: Mit seiner halbrunden Form verarbeitet er die zweigeschossige Apsisgliederung der Kölner Apostelnkirche. Einzig das Rippengewölbe weist über das Vorbild hinaus. Sehr reizvoll ist die mittlere Nische des unteren Geschosses gestaltet. Da in ihr ein wichtiger Nebenaltar stand, erhielt sie ein Schirmgewölbe mit Zierrippen und Hängeschlussstein.

Im Verhältnis zum damals noch bestehenden, niedrigeren Langhaus des 10. Jahrhunderts muss die ursprüngliche Wirkung des hohen Langchors gewaltig gewesen sein. Erst der in der Spätgotik vollendete Neubau des Langhauses, der ältere Reste mit einbezog, glich die Raumverhältnisse an. Der gotische Umbau der Kirche begann 1393 mit dem neuen Westturm. Die Initiative dazu ging vermutlich auf den damaligen Vogt des Stifts, Herzog Wilhelm I. von Berg, zurück, was die Ähnlichkeit mit dem Turm der von ihm erbauten Düsseldorfer Stiftskirche erklärt. Mithilfe der Stiftsvogtei wollte der Herzog seine Machtposition innerhalb Kölns ausbauen. Immense Lösegeldzahlungen nach Gefangennahme in einem Krieg mit seiner Verwandtschaft führten zum Bankrott Herzog Wilhelms, sodass der Turmbau von Sankt Severin unvollendet blieb. Die

Im Chor ist ein eindrucksvoller Rest des romanischen Schmuckfußbodens erhalten.

Stiftsherren rangen sich erst im frühen 16. Jahrhundert dazu durch, ihn fertig zu bauen. Architektonisch originell ist die Verbindung von Hauptportal und großem Maßwerkfenster durch einen gemeinsamen Spitzbogen.

Mit der Vollendung des Westturms errichteten die Stiftsherren auf der Nordseite des Langhauses ihren Kreuzgang neu. Noch 1863 wurde er jedoch bis auf den Südflügel abgerissen. Beim Wiederaufbau nach dem Zweiten Weltkrieg ergänzte man zusätzlich den Westflügel in der alten Form. So besitzt Sankt Severin neben den Resten an der Kartäuserkirche immerhin den einzigen, wenigstens teilweise erhaltenen gotischen Kreuzgang der Stadt. Zahllose andere verschwanden schon in der Abrisswelle des frühen 19. Jahrhunderts.

Mit seiner schlichten Notverglasung und dem grauen Anstrich der Restaurierung aus den betonseligen 1960er-Jahren wirkt das Langhausinnere merkwürdig kalt und leer. Im Gegensatz dazu bietet das Innere des Langchors dank der vielfältigen Ausstattung ein weitaus ansprechenderes Bild. Blickfang ist der mehrfarbige Steinplattenboden. Er enthält in der Mitte ein Feld, das noch aus romanischer Zeit stammt – das einzige erhaltene Beispiel eines Schmuckfußbodens neben jenem in Sankt Kunibert. An den Wänden zieht sich das umfangreiche Chorgestühl aus Eichenholz entlang, das bei der Weihe 1237 bereits vollendet war. Darüber schmückt ein Zyklus spätgotischer Leinwandbilder den Langchor, nach den Stifterinschriften 1499–1501 geschaffen. Ausführlich wird in ihm die Legende des Kirchenpatrons geschildert. Besonders eindrucksvoll sind die Bilder mit der Übertragung der Reliquien in die Kirche, da sie sowohl die damalige Außenerscheinung wie auch die Chorausstattung der Zeit um 1500 überliefern.

Zentrum des Langchors ist bis heute der neuromanisch verkleidete Hochaltar mit dem auf vier Säulen dahinter ruhenden Schutzkasten für den Schrein des heiligen Severin. So war es Pilgern möglich, verehrend unter dem Schrein durchzuziehen, während dieser gleichzeitig durch das Gitter vor Diebstahl geschützt war. In Sankt Ursula ließen die Stiftsdamen etwas später diese besondere Anlage für ihre Schreine nachbauen. Vom Schrein des heiligen Severin aus dem späten 11. Jahrhundert blieb nur eine Emailscheibe im Kölner Diözesanmuseum erhalten. Seinen kostbaren Schmuck opferten die Stiftsherren, um die erpresserischen Forderungen der Französischen Revolutionstruppen zu begleichen, die Köln besetzt hatten. Nur noch das hölzerne Gehäuse war vorhanden, das 1819 eine neue, bescheidene Verzierung erhielt. Die kostbaren Stoffe, die die Gebeine Severins jahrhundertelang umhüllten, wurden erst vor wenigen Jahren geborgen. Sie sind heute in einem Nebenraum der Krypta ausgestellt.

Laut Inschrift stiftete 1383 Jakob von Burtscheid den aufwendig mit Maßwerk verzierten steinernen Wandschrank im Hochchor, der den einst umfangreicheren Reliquienschatz enthielt. Heute befinden sich in ihm der Stab des heiligen Severin, ein Horn mit Reliquien des heiligen Kornelius sowie ein allen Schmucks beraubtes Reliquienkreuz des 11. Jahrhunderts. An ihm hängen noch zwei ägyptische Bergkristallflakons, die in Zweitverwendung als handliche und kostbare Reliquienbehältnisse von Pilgern oder Kreuzfahrern aus dem Heiligen Land nach Köln gebracht wurden. Zwei ungemein qualitätsvolle spätgotische Altartafeln hinter dem Hochaltar, ein um 1400 gegossenes Adlerpult aus Messing, ein Pestkreuz sowie eine lothringisch geprägte Muttergottes aus Kalkstein seien aus der noch umfangreicheren Ausstattung hervorgehoben.

Vom wiederaufgebauten Westflügel des gotischen Kreuzgangs aus kann man die in gotischer Zeit aufgestockten Chortürme betrachten.

WUNDERSAME RELIQUIENVER(M)EHRUNG
SANKT URSULA

Bauzeit: Langhaus und Westbau zweites Viertel 12. Jahrhundert, Turm um 1200, Chor und Marienkapelle um 1280, Goldene Kammer 1643/44
Besonderheiten: einzigartiger Reliquienkult, romanische Emporenbasilika, gotischer Langchor
Ehemalige Funktion: Damenstiftskirche

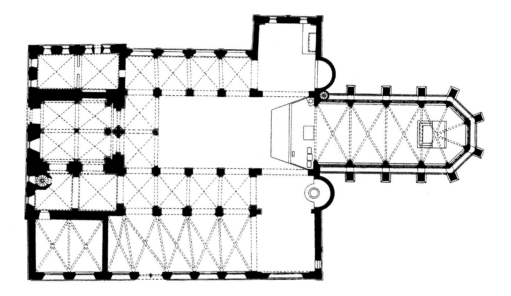

Der Kölner Kult um die elftausend Jungfrauen gehört nicht nur mengenmäßig zu den beeindruckenden Zeugnissen mittelalterlicher Reliquienverehrung. Er trug wesentlich dazu bei, dass sich Köln mit dem Titel der reliquienreichsten Stadt nördlich der Alpen schmücken konnte. Dank dieses Alleinstellungsmerkmals war Köln jahrhundertelang Ziel oder Zwischenstation zahlloser Pilger. Zentrum und Ausgangspunkt dieses Kults war die Kölner Kirche Sankt Ursula. Ausgrabungen beim Wiederaufbau der im Zweiten Weltkrieg schwer zerstörten Kirche legten die Grundmauern einer dreischiffigen frühchristlichen Basilika frei. Deren Mittelschiff war schon annähernd so lang und breit wie das der heutigen romanischen Kirche, was auf eine gewisse Bedeutung schließen lässt. Einziges heute sichtbares Zeugnis der spätantiken Basilika ist die um 400 datierte Clematius-Inschrift, die auf der rechten Seite im Innern des gotischen Chors eingemauert ist. Gleich einer Urkunde aus Stein besagt sie, dass ein Mann senatorischen Rangs diese Kirche aufgrund eines Gelübdes aus eigenen Mitteln wiederherstellen ließ. Dieser Mann wird nur mit seinem Vornamen Clematius genannt. Weiterhin besagt die Inschrift, dass an dieser Stelle, an der Jungfrauen im Namen Christi ihr Blut vergossen haben, niemand bestattet werden darf.

Der gotische Chor, der sich an das romanische
Langhaus anschließt, erscheint wie ein Reliquiar
aus Stein und Glas.

Der erste archäologische Nachweis eines besonderen Kults in Sankt Ursula kann in das frühe 10. Jahrhundert datiert werden. 922 übergab der Kölner Erzbischof Hermann I. den aus Gerresheim vor den Ungarn geflüchteten Stiftsdamen die frühchristliche Basilika, um sich dort dauerhaft niederzulassen. Sie errichten im Innern vor der Apsis ein T-förmiges Monument, in das elf grabähnliche Kammern eingelassen waren. Damals verehrten die Stiftsdamen wohl nur elf Märtyrerinnen, doch kursierte durch einen Schreibfehler schon die unglaubliche Zahl von elftausend Jungfrauen. Mit dem Bau der ersten mittelalterlichen Stadtbefestigung, die das nördliche Areal um Sankt Ursula miteinbezog, kamen zu Beginn des 12. Jahrhunderts plötzlich Hunderte menschlicher Skelette zum Vorschein. Die sorgfältige Ausgrabung übernahmen die Benediktinermönche der Abtei Deutz. Sie erklärten alle Gebeine zu Überresten der Märtyrerinnenschar, deren Zahl von Elftausend aus ihrer Sicht nun unzweifelhaft bewiesen war. Was die Mönche freilegten, waren aber die Gräber des fast 500 Jahre lang belegten Nordfriedhofs des römischen Köln. Da die Mönche des Lateinischen mächtig waren, konnten sie sicherlich die römischen Grabinschriften lesen. Daher kann man es nur als mehr oder weniger frommen Schwindel auffassen, dass sie an der Märtyrerinnenlegende festhielten. Man sah eben nur, was man sehen wollte – und alle profitierten davon.

Um die gefundenen Skelette von Männern und Kindern einordnen zu können, wurde eine visionär begabte Nonne eines Klosters im Taunus angefragt. Diese Nonne, Elisabeth von Schönau, erfand verschiedene Gestalten: Einen abgesetzten Papst, einen Bräutigam der heiligen Ursula, Bischöfe, Knappen etc. So

Der aus gotischer Zeit stammende Hochaltar konnte bis heute ein Podest auf seiner Rückseite bewahren, durch das Pilger verehrend unter den Reliquienschreinen hindurch ziehen konnten.

Oben: Die Nische in der Westwand der heute als Schatzkammer dienenden Empore enthielt einst den Thron der Äbtissin.

Im Westteil der Emporenbasilika blieb die romanische Empore der Stiftsdamen erhalten.

entstand eine der ausgeschmücktesten Heiligenlegenden des Mittelalters. Ausführlich wird sie auf den 1456 bemalten Holztafeln im Chor der Ursulakirche geschildert. Wie in einem mittelalterlichen Comic kann der Betrachter den Lebensweg der legendären britannischen Königstochter Ursula verfolgen, die mit elftausend Begleiterinnen nach Rom zog und auf dem Rückweg von den Hunnen ermordet wurde, die gerade Köln belagerten. Der Neubau der heutigen Ursulakirche im zweiten Viertel des 12. Jahrhunderts ist eine direkte Folge des massenhaften Reliquienfunds. Ungewöhnlich sind die Emporen, die in ihr erstmals in der mittelalterlichen Kirchenbaukunst Kölns auftauchen. Durch sie wurde das Platzangebot beträchtlich erweitert. Ursprünglich setzten sie sich sogar noch in der querhausartigen Erweiterung des Mittel-

Im 17. Jahrhundert wurde das Grab der heiligen Ursula mit einer anrührenden Alabasterfigur der königlichen Märtyrerin geschmückt.

schiffs fort. Erst im 17. Jahrhundert wurden sie entfernt, damit ein richtiges Querhaus entstand. Ungewöhnlich ist die seit der Kriegszerstörung des gotischen Gewölbes wieder sichtbare Innengliederung des Mittelschiffs: Rechteckige Wandvorlagen zwischen den Emporenöffnungen setzen sich als halbrunde Säulen mit Rundbogenfries nach oben fort. Außen ist der Obergaden sogar mit Blendarkaden auf Kalksintersäulen geschmückt.

Dem Chorgebet der Stiftsdamen diente die heute als Schatzkammer genutzte Westempore. Sie besaß einst einen in das Mittelschiff vorkragenden Altarerker, von dem noch die stützende Säule vorhanden ist. In der gegenüberliegenden Nische der Westwand thronte die hochadelige Äbtissin. An den Seitenwänden, vor denen die Stiftsdamen saßen, finden sich kurze romanische Chorschranken als Abtrennung zu den Langhausemporen. Sie sind mit Kalksinter- und Schieferplatten geschmückt.

In comicartigen Szenen schildern spätgotische Tafelgemälde die Legende der heiligen Ursula; hier ihre Ankunft in Köln mit der mittelalterlichen Ansicht von Deutz im Hintergrund.

Vorangehende Doppelseite: Als der Kölner Dom in gotischen Formen neu gebaut wurde, entschlossen sich auch die Stiftsdamen, zumindest ihren Chor entsprechend zu erneuern.

Im späten 13. Jahrhundert beschlossen die Stiftsdamen, den romanischen Ostchor durch einen weitaus größeren gotischen Neubau zu ersetzen. Nicht nur der Dom, auch die Chöre des benachbarten Dominikaner- und Minoritenklosters hatten neue Maßstäbe gesetzt. Zum Vorbild nahmen sich die Kanonissen aber nicht diese Kölner Lösungen, sondern mit der Pariser Sainte-Chapelle die damals berühmteste Reliquienkapelle der Christenheit. Diese stand schon drei Jahrzehnte, als an der Ursulakirche um 1280 ein modifizierter, etwas bescheidener Nachbau empor wuchs. Der gesamte Chor ist auf den Reliquienkult der elftausend Jungfrauen ausgerichtet, etwa in der Zahl seiner elf Fenster. Unterhalb der Fenster findet sich ein durchlaufendes Band vergitterter Nischen, die einst einen Teil der heiligen Gebeine enthielten. So erscheint der Chor wie ein riesiges Reliquiar aus Stein und Glas. Durch die Herabführung der Gewölbedienste und Maßwerkstäbe der Fenster bis zur doppelten Sockelbank wirkt die gotische Architektur besonders elegant und schwerelos. Die mittelalterlichen Farbfenster, die die Wirkung dieses grazilen Chors enorm gesteigert haben dürften, sind nicht mehr erhalten.

Aus der Erbauungszeit blieb der mächtige steinerne Hochaltar erhalten, dessen Aufsatz die erneuerten Figuren von elf Märtyrerjungfrauen zeigt. Der größte Schatz des Stifts, die Schreine der heiligen Ursula und ihres Bräutigams, des heiligen Aetherius, präsentiert sich bis heute auf einem höchst originellen Podest hinter dem Hochaltar. Dieses wird von vier hohen Säulen getragen, damit Pilger unter ihm hindurch ziehen konnten. So waren die Schreine sowohl vor Diebstahl geschützt als auch den Gläubigen mit etwas Abstand zugänglich. Anstatt des heutigen Panzerglases sicherten im

Ungewöhnlich ist die spätgotische Darstellung der heiligen Ursula nach dem Vorbild der Schutzmantelmadonnen.

169

Mittelalter mit Eisenketten festgezurrte Holz-
kästen die Schreine. Während der Aetherius-
schrein mit Ausnahme seines Figurenschmucks
vollständig erhalten ist, blieben vom Ursula-
schrein nur einige Emailverzierungen übrig,
die am neu geschaffenen Gehäuse wieder Verwendung fanden. Das romanische Antepen-
dium, das die Vorderseite des Hochaltars
zierte, wird heute im Kölner Museum Schnütgen aufbewahrt.

Mittelalterlichen Pilgern bot sich beim Besuch
der Ursulakirche ein einmaliges Bild. Die in
die Tausende gehende Menge an angeblichen
Märtyrerinnengebeinen wurde nicht nur in
zahlreichen steinernen Sarkophagen im Innern
der Kirche aufbewahrt. Vielfach gab es auch
Knochenstapel in den Ecken der Kirche. Die
als besonders wirkmächtig geltenden Schädel
der Jungfrauen ließen die Stiftsdamen in ver-
glasten Maßwerkregalen präsentierten, wie sie bis zum Zweiten Weltkrieg im Innern des nachträglich angebauten Marienschiffs zu sehen waren. Das Kölner Wallraf-Richartz-Museum
besitzt mit der Ursulalegende bemalte Holztafeln des 15. Jahrhunderts, die damals große Truhen
verschlossen. Im aufgeklappten Zustand informierten sie die Pilger über die Geschichte der
Märtyrerinnen, deren Gebeine sie in den Truhen vorgeführt bekamen.

Heute vermittelt allein noch die barocke Goldene Kammer einen guten Eindruck des überwäl-
tigenden Reliquienarrangements, das die Ursulakirche einst bot. Rund 120 Büsten führen die
reizvollste Art der Verpackung für Jungfrauenreliquien vor Augen. Die hölzernen Köpfe sind
aufklappbar, damit der darin geborgene Schädel betrachtet werden konnte, während auf der
Vorderseite eine Maßwerköffnung in Brusthöhe den Blick auf weitere Gebeine freigab. Zwischen
den mit Akanthusranken verzierten Regalen befinden sich hinter Glas in bestickte Stoffe gehüllte
weitere Schädel. Ganz bizarr wirkt auf uns heutige Betrachter die flächendeckende Verzierung
der oberen Wände mit menschlichen Knochen. Aus ihnen sind nicht nur Buchstaben gelegt,
die Gebete bilden, anatomisch korrekt sind darüber hinaus einzelne Knochengruppen wie Ge-
lenkpfannen zu makabren Ornamenten zusammengefügt.

Dank des unerschöpflichen Kölner Nordfriedhofs der Römerzeit konnten es sich das Ursulastift
und andere an den Ausgrabungen beteiligte Klöster wie Altenberg und Deutz leisten, großzügig
gesamte Skelette zu verschenken. Dies war im mittelalterlichen Europa die große Ausnahme,
geizten andere Pilgerstätten mit einem Heiligengrab doch sehr und rückten meist nur kleinste
Partikelchen oder Berührungsreliquien heraus. So finden sich über ganz Europa verstreut diese
ganz speziellen Kölner Exportartikel. Obwohl die Gebeine nicht verkauft, sondern nur verschenkt

werden durften, konnte man im Gegenzug auf andere geldwerte Vorteile oder Gegengaben hoffen. Auf jeden Fall steigerte die großzügige Reliquienvergabe das Renommee der Handelsmetropole Köln erheblich, was beileibe nicht von Nachteil war. Dass die heilige Ursula zur britannischen Königstochter erklärt wurde, scheint kein Zufall zu sein, war im Hochmittelalter doch Köln der wichtigste Handelspartner Englands auf dem Kontinent. Kölner Kaufleute erhielten den ersten ausländischen Kontor in London zugeteilt.

Im Innenraum der Ursulakirche sind zwei höchst unterschiedliche Grabanlagen bemerkenswert. Im nördlichen Querarm erhebt sich ein barockes Monument über der angeblichen Fundstätte der Gebeine der heiligen Ursula. Die heute geöffneten Seitenwände geben den Blick auf ein kleineres spätgotisches Hochgrab frei. Die Taube zu Füßen der Alabasterfigur aus der Mitte des 17. Jahrhunderts erinnert an die wundersame Auffindung während einer vom heiligen Kölner Bischof Kunibert gefeierten Messe: Diese flatterte dreimal um den Zelebranten herum, bis sie sich auf dem Boden niederließ. Die Gläubigen griffen sofort zum Spaten und legten ein Skelett frei, das zu demjenigen der Anführerin der Jungfrauenschar erklärt wurde. Nebenbei sei bemerkt, dass noch im 10. Jahrhundert die heilige Pinnosa als Anführerin eben jener Schar galt. Doch nachdem ihre Reliquien an das Essener Damenstift gekommen waren, mussten sich dessen Kölner Kolleginnen, die gerade die Jungfrauenkirche übernommen hatten, etwas einfallen lassen. Sie ließen von ihren Kanonikern einfach die Legende auf Ursula umschreiben, um die Nase wieder vorn zu haben.

Unter der ersten nördlichen Arkade des Mittelschiffs steht auf vier Säulen ein romanischer

Diesseits, Jenseits und Heilsgewissheit treffen sich hier in perfekter Verbindung.

Diese gotische Jungfrauenbüste besitzt über ihrem modischen Kruseler einen aufklappbaren Kopf, um die Schädelreliquie sichtbar zu machen.

Sarkophag aus dem frühen 12. Jahrhundert. In ihm ruhen die Überreste der 639 im Kindesalter verstorbenen Viventia, Tochter des fränkischen Hausmeiers Pippin des Älteren, die im Stift als Heilige verehrt wurde. Die Legende besagt, dass Pippin dreimal das in der Clematius-Inschrift genannte Bestattungsverbot für seine Tochter umgehen wollte. Dreimal fand sich am nächsten Tag der im Kircheninneren bestattete Leichnam wieder an der Oberfläche. Erst als Pippin zu der noch heute sichtbaren List eines nicht in der Erde versenkten Sarkophags gegriffen hatte, erhielt auch Viventia ihre ewige Ruhe.

Eine der schönsten Darstellungen der heiligen Ursula befindet sich im sogenannten Marienschiff, einem Ende des 13. Jahrhunderts an das südliche Seitenschiff angefügten Kapellenraum. Ein Mitglied der Kölner Patrizierfamilie Hirtz ließ nach der Mitte des 15. Jahrhunderts die Kapelle spätgotisch umgestalten und reich ausstatten. Die drei lebensgroßen Figuren des Christus Salvator, der Gottesmutter und der heiligen Ursula blieben erhalten. Als Zeichen ihres Martyriums hält die Prinzessin einen Pfeil in ihrer Hand, während sie als Patronin der weiblichen Jugend schützend ihren Mantel über einige Mädchen hält. Vor Auflösung des Damenstifts lag das Hauptportal auf der Seite des Marienschiffs, sodass Besucher diese Figur als erstes erblickten.

Von den Stiftsgebäuden blieb allein das repräsentative Haus der letzten Äbtissin aus dem späten 18. Jahrhundert südlich der Kirche erhalten. Ihm gegenüber befindet sich das von Karl Band in den 1960er-Jahren errichtete Pfarrhaus, das sich dem Kirchenbau mit seinen unverputzten Backsteinmauern und seiner betonten Schlichtheit bewusst unterordnet. Nach dem Vorbild von Sankt Gereon lag der Stiftskreuzgang westlich vor der Kirche, woran noch die Schildbögen an der Fassade erinnern. Wahrzeichen von Sankt Ursula ist die mit einer Nachbildung der britischen Königskrone verzierte barocke Turmhaube. Ursprünglich trug die Krone kein Kreuz, sondern die vergoldete Figur der heiligen Ursula. Weithin machten die Stiftsdamen so klar, dass ihre Kirche etwas ganz Besonderes bot.

Die Goldene Kammer wurde in der Barockzeit neu gebaut. Hier die Gesamtansicht der Altarsseite mit ihrem für heutige Betrachter makabren Schmuck.

Romanische Marienfigur aus Sankt Maria im
Kapitol, die mit der Legende des heiligen
Hermann Joseph in Verbindung gebracht wird.